Ein Weg der Weisheit

Lama Jigme Rinpoche

Ein Weg der Weisheit

Lama Jigme Rinpoche

Übersetzung aus dem Englischen
von Astrid Schünemann

Lektorat: Britta Schünemann

Ein Weg der Weisheit
© Rabsel Éditions, Frankreich, 2013

ISBN 978-2-9537216-8-3

Inhaltsverzeichnis

Ein Weg der Weisheit gründet auf einer Reihe von gleichnamigen Belehrungen, die Jigme Rinpoche von 1997 bis 1999 in Dhagpo Kagyü Ling (Frankreich) gegeben hat. Für dieses Buch fügte er weitere Erklärungen hinzu.

Einleitung

Um aus der buddhistischen Praxis wahren Nutzen ziehen zu können, versuchen wir, die wesentlichen Aussagen im Herzen der Lehre Buddhas zu
verstehen. Diese enthalten die tiefgründigen
Wahrheiten, die Buddha gelehrt hat, und sind
deshalb für die Verwirklichung des buddhistischen Weges entscheidend und unerlässlich. Das
vorliegende Buch stellt einen Weg buddhistischer
Praxis und ihre Anwendung im täglichen Leben
vor. Wir achten hierbei sorgfältig auf die genaue
Bedeutung der zentralen Themen und der Methoden. Wir versuchen, die Bedeutung der Zufluchtnahme, der Gebete, des Erleuchtungsgeistes, der
Verbindung zum spirituellen Freund, der verschiedenen Praktiken und Meditationen richtig
zu verstehen. *Der kostbare Schmuck der Befreiung*[1] von Gampopa[2] (1079–1153) ist eine hervor-

---

[1] Gampopa, *Der kostbare Schmuck der Befreiung*, Norbu–Verlag, 2007.

[2] Einer der Begründer der Kagyü–Schule des Tibetischen Buddhismus.

ragende Quelle für diese Themen.

Haben wir ein korrektes Verständnis erlangt, integrieren wir es in unsere Meditationspraxis und in unseren Alltag. Auf diese Weise entwickeln und vertiefen wir unser Wissen darum, wie wir funktionieren, und erkennen, was in unserem Leben wirklich von Bedeutung ist.

Praktizierende haben entsprechend ihrem inneren Verständnis der Lehre Buddhas, dem Dharma, unterschiedliche Fähigkeiten. Sehr erfahrene Praktizierende, die das Wesentliche des buddhistischen Weges bereits erfasst haben, wissen im Allgemeinen genau, was zum Erlangen des Ziels, der Erleuchtung, erforderlich ist. Menschen mit geringerer Erfahrung können ihr Verständnis dadurch vertiefen, dass sie Belehrungen anhören und die wichtigsten Punkte anschließend gründlich reflektieren. Durch die eigene Praxis wird die Bedeutung klarer, was zu weiteren Fortschritten auf dem Weg führt. Anfänger, die noch nicht mit der Praxis begonnen haben, werden die zentralen Aussagen des Dharma möglicherweise nur schwer zu schätzen wissen; auch sie ziehen aber einen Nutzen aus dem Versuch, so viel wie möglich davon zu verstehen, anstatt sie einfach abzulehnen. Das so erworbene Verständnis kann eine gewisse Orientierungshilfe bieten und dann nach und nach zur Dharmapraxis führen. Selbst für jemanden, der nicht den Wunsch hat, die buddhistische Lehre zu praktizieren, kann ein teilweises Verständnis der wichtigsten Gedanken im Alltag von Nutzen sein.

Buddha hat den Dharma gelehrt, damit sich

alle fühlenden Wesen vom Leid befreien können, indem sie die wahre Natur ihres Geistes verwirklichen und letztendlich die Erleuchtung erfahren. Durch die umfangreichen und tiefgründigen Lehren und Methoden werden wir direkt auf den Weg gebracht, den wir dann schrittweise und konzentriert in die richtige Richtung gehen können. Andernfalls bleibt die Erleuchtung außerhalb unserer Reichweite, als würden wir fortwährend in einer Wüste wandern, ohne dass ein Ende in Sicht wäre. Die Belehrungen hören sich meist einfach und leicht verständlich an; um jedoch das Wesentliche des Dharma zu erfassen, sind regelmäßige Übung und Anwendung des Gehörten erforderlich. Wie in der Wüste gibt es weit mehr, als das Auge sehen kann.

Wenn wir Belehrungen hören, ist es möglich, dass wir nicht gleich ihre wirkliche Bedeutung erfassen. Oft bemerken wir die Lücken in unserem Verständnis jedoch gar nicht. Da wir mit dem Erklärten nicht vertraut sind, haben wir auch nicht den Eindruck, dass etwas fehlt. Das ist ganz natürlich. Wir neigen dazu, die Dinge entsprechend unserer Möglichkeiten zu hören und zu erfassen, wobei wir jedoch allzu leicht meinen, bereits alles verstanden zu haben. Es ist wichtig zu wissen, dass dies geschehen kann.

In welchem Ausmaß wir die tiefere Bedeutung des Dharma erfassen, hängt von unserem Verständnis ab. Haben wir wirkliches Verständnis entwickelt, führt dies unweigerlich dazu, dass wir verstärkt nach einer größeren Klarheit des Geistes streben, welche letztendlich zur Erleuchtung selbst führt. Menschen, für die der Buddhismus neu ist und die zum ersten Mal Unterweisungen hören, gehen manchmal mit dem Gefühl nachhause, dass sie die Methoden nun erlernt haben. Anstatt sich die Zeit zu nehmen, den tieferen Sinn darin zu erkennen, sind sie möglicherweise nur mit dem technischen Aspekt der Praxis beschäftigt. Das führt dazu, dass ihre Erwartungen weder richtig noch realistisch sind, und dass geringfügige Verbesserungen und positive Auswirkungen unbemerkt bleiben, auch wenn sie vorhanden sind. Die Erleuchtung erscheint diesen Menschen dann unerreichbar oder zumindest zu weit von ihrer derzeitigen Situation entfernt. Sie fühlen sich entmutigt und geben auf. Aus diesem Grunde müssen wir uns die Zeit nehmen, zunächst die Bedeutung der Lehren zu verstehen, um zu erkennen, was wir von ihrer Praxis erwarten können.

Erfahrene Praktizierende hingegen verstehen die Essenz der Belehrungen und erkennen die allmählichen Fortschritte auf dem Weg, die ihrem täglichen Leben zuträglich sind. Sie vertrauen darauf, dass die Methoden des Dharma wirksam sind, sind sich jedoch gleichzeitig der enormen Tragweite ihres Unternehmens bewusst. Sie wissen, dass niemand ihnen die Erleuchtung geben kann. Es handelt sich hierbei um eine gänzlich andere Herausforderung, als es etwa das Bestehen einer Prüfung für einen akademischen Abschluss ist. Erleuchtung kann nur durch die eigene Praxis und aus dem eigenen Geist geschehen. Ein erfahrener Praktizierender schätzt zudem den Wert einer jeden

Verbesserung, die zu mehr Klarheit und Frieden im Geist führt – einem Geist mit mehr Verständnis und weniger Leid, in dem die Emotionen weniger störend und heftig sind. Mit einem solchen Geist können wir die Bedingungen, in denen wir gefangen sind, verstehen, und gleichzeitig die Möglichkeit erkennen, unser inneres Potential von Liebe und Mitgefühl unbegrenzt zu entwickeln. Durch uneigennütziges Handeln werden Verdienste angesammelt, die die eigene Praxis und das Alltagsleben stärken und unterstützen. All diese Aspekte sind miteinander verflochten und bringen den Praktizierenden auf dem Weg zur Erleuchtung voran.

In diesem Buch werden die zentralen Aussagen des Dharma vorgestellt, um es Ihnen zu ermöglichen, die Bedeutung des Dharma wirklich mit Ihrem Leben in Zusammenhang zu bringen. Einige spezifische Begriffe des Tibetischen Buddhismus und seiner Praxis werden untersucht. Es ist wichtig zu wissen, dass die Entwicklung eines präzisen Verständnisses einige Zeit benötigt. Durch einen schrittweisen Prozess von Kennenlernen, Anwendung, innerer Achtsamkeit und Praxis wird unser Verständnis vertieft. Nach und nach wird unser Geist sich von selbst auf die wahre Bedeutung des Dharma einstimmen, während wir diesen Weg der Weisheit gehen.

Die Vorbereitung

Der Weg der Weisheit beginnt mit der Zufluchtnahme. Die Zuflucht bedeutet einen sicheren
Hafen, der uns Schutz bietet vor falschen[3]
Wegen, falschen Vorstellungen und Handlungen. Vom Augenblick der Zufluchtnahme an
und solange, bis wir erleuchtet sind, nehmen
wir Zuflucht zum Buddha, zum Dharma und
zur Sangha, auch die „Drei Juwelen" genannt.

Bei der Zuflucht zum Buddha stellen wir eine
Verbindung her zu den besonderen Qualitäten,
die Buddha Shakyamuni entwickelt hat. Der
Dharma umfasst alle seine Belehrungen und
Methoden zur Entwicklung der Qualitäten der
Erleuchtung. Zusätzlich brauchen wir jeman-
den, der uns den Dharma lehrt und durch ei-

---

[3] Das Wort „falsch" bedeutet im Kontext des Buddhismus „was
Leiden schafft", oder „was nicht zur Erleuchtung führt". Es ist
gleichbedeutend mit „schädlich", „negativ" oder „unheilsam".
Hingegen sind „richtig", „korrekt", „nutzbringend", „positiv"
und „heilsam" Worte, die gleichbedeutend sind mit allem, was
zur Erleuchtung oder Befreiung vom Leid führt.

gene Bemühungen selbst die Resultate hervorgebracht hat. Er hat die Lehren studiert, sie in
die Praxis umgesetzt und entsprechende Resultate erlangt. Er ist also ein verwirklichtes Wesen,
auch wenn vielleicht noch nicht die volle Verwirklichung eines Buddha erreicht wurde. Bestimmte Qualitäten wurden jedoch bereits
erlangt und können nun an andere weitergegeben werden. Auf einen solchen verwirklichten
spirituellen Meister und qualifizierten Lehrer
können wir uns stützen, damit er sein Wissen
und seine Fähigkeiten mit uns teilt. Deshalb
nehmen wir Zuflucht zu ihm, genauso wie zu
den anderen Verwirklichten, die die „edle
Sangha" darstellen.

Das Wort „Sangha"[4] bedeutet „die Gemeinschaft derer mit positivem Streben". Im Allgemeinen werden zwei Arten von Sangha
unterschieden: die Sangha der gewöhnlichen
Wesen und die Sangha der Edlen. Die gewöhnliche Sangha bezeichnet die Gemeinschaft der
buddhistischen Lehrer/innen, von denen wir Belehrungen erhalten können. Ebenso wird die
Versammlung von mehreren Dharma–Praktizierenden Sangha genannt. Zuflucht nehmen
wir jedoch zu der zuvor erläuterten edlen
Sangha.

Die Zuflucht bedeutet zunächst einen
Schutz. Wenn unser Wissen und unser Verständnis durch die Praxis zunehmen, begreifen
wir die Zuflucht umfassender und tiefer. Zuerst
einmal müssen wir uns jedoch vorbereiten. Was

---

[4] *Gendün* auf Tibetisch

DIE VORBEREITUNG

bedeutet das? Die Vorbereitung besteht daraus, dass wir zunächst Belehrungen anhören. Buddhistische Lehrer vermitteln uns zahlreiche Informationen und Erklärungen zum Dharma, und wir können von ihnen lernen. Ebenso vergrößert sich unser Wissen durch das Lesen von Dharma–Schriften. Beides ist mit dem Hören von Belehrungen gemeint (*Tö* auf Tibetisch). Haben wir sie gehört, denken wir darüber nach (*Sam* auf Tibetisch) und integrieren die Lehren in unser Denken, um ein tieferes Verständnis ihrer Bedeutung zu entwickeln. Daraus besteht unsere Vorbereitung.

Worauf bereiten wir uns vor? Das Ziel aller Dharma–Belehrungen besteht einzig und allein darin, unseren Geist zu erwecken. Wenn wir dieses Ziel erreicht haben, sind wir erleuchtet oder haben die Buddhaschaft erlangt. Hierbei handelt es sich jedoch auch nur um Begriffe, die uns zeitweise verwirrend erscheinen können. In Wirklichkeit kann die Erleuchtung nicht durch Begriffe und Konzepte eingegrenzt werden. Wir sprechen von der Erleuchtung, diese ist zur Zeit jedoch nur eine Vorstellung für uns, und ihre genaue Bedeutung begreifen wir noch nicht. Erleuchtung bezeichnet einen klaren und stabilen Geist, der von Unwissenheit befreit ist. Dieser Geisteszustand wird auf Tibetisch *Sangye* genannt. *Sang* heißt vollkommen klar, rein und frei von jeglichen Verunreinigungen. *Gye* bedeutet ein voll entfaltetes oder allumfassendes Wissen. Sangye bezeichnet somit einen Geist, der frei von Unwissenheit, vorgefassten oder festen Vorstellungen ist und über ein klares und

9

vollständiges Wissen verfügt.

Der erleuchtete Geist ist also ein klarer Geist, ohne jegliche Unwissenheit oder Schleier. Das Adjektiv „klar" wird gelegentlich missverstanden. Es bedeutet nicht etwa Helligkeit wie beim Licht. Unseren Geist von Schleiern zu befreien heißt auch nicht, alle guten Dinge zurückzuweisen. Es ist nicht notwendig, positive Gefühle oder eine schöne äußere Erscheinung abzulehnen. Sie sind Teil des normalen Lebens, einer guten Lebensart. Jedoch stellen sie nicht das alleinige Ziel unseres Lebens dar. Die Klarheit des Geistes entsteht aus sich selbst heraus. Wir können sie nirgendwo herbekommen, und niemand kann sie uns geben. Letztendlich wird alles von selbst klar werden. Das ist die Bedeutung von *Sangye*. Der Versuch, dies zu erklären, wird durch den Gebrauch von Worten begrenzt. Aus diesem Grunde muss die tiefere Bedeutung von *Sangye* von jedem selbst verstanden oder erfahren werden.

Unser Geist kann offener und klarer werden, wenn wir uns auf eine korrekte regelmäßige Praxis einlassen. Jede Öffnung des Geistes führt zu einer weiteren Öffnung. Da unser Geist aber bisher noch nicht sehr klar ist, werden die Resultate erst nach einiger Zeit sichtbar. Auch stellen manche sehr gelehrte oder kultivierte Menschen fest, dass sie immer weniger wissen, je mehr Wissen sie besitzen. Wenn wir nicht daran glauben, dass es noch mehr zu lernen gibt, hören wir mit der Suche auf. Schließlich ist es der Wunsch, unser wahres Wesen zu erkennen, der uns zum Dharma geführt hat. Je besser wir unseren eigenen Geist verstehen, umso klarer werden wir. Gelangen wir dann auf eine bestimmte Stufe, sind sehr detaillierte Erklärungen nicht mehr nötig. Bis dahin analysieren und hinterfragen wir jedoch die Details, um zu einem genaueren Verständnis zu gelangen. Wenn wir die wahre Bedeutung kennen, wahres Wissen erlangt haben, wird alles vollkommen klar für uns sein.

Wie bereits gesagt ist das Ziel eines jeden Buddhisten, einen Zustand vollkommener Klarheit, die Buddhaschaft, zu erlangen. Es ist wichtig, sich auf dieses Ziel zu konzentrieren. Wir versuchen, Klarheit zu entwickeln und gut auf unser Ziel ausgerichtet zu sein. Das bedeutet, dass wir die Unterweisungen in die Praxis umsetzen, da sie uns dabei helfen, klarer zu werden. Das Gegenteil von Klarheit ist Verwirrung, die mit Unwissenheit[5] in Zusammenhang steht. Ein Beispiel von Unwissenheit ist zu denken, man hätte etwas verstanden, wenn das nicht der Fall ist. Unwissenheit ist nicht gleichbedeutend mit Dummheit, sondern heißt, dass kein klares Verständnis der Natur der Dinge vorhanden ist. Unwissenheit bedeutet das gleiche wie nicht hinter eine Wand sehen zu können, weil unsere Sicht versperrt ist. Wenn der Geist klar ist, gibt es nichts, was unsere Sicht behindert. Bei *Sangye* gibt es kein Hindernis, keine Unwissenheit

---

[5] Der tibetische Ausdruck für Unwissenheit ist *Marigpa*, auf Sanskrit *Avidya*. Im Kontext der buddhistischen Belehrungen bezieht sich dieses Wort nicht auf eine intellektuelle Unzulänglichkeit, sondern auf einen grundlegenden Irrtum bei der Interpretation.

oder mentale Verschleierung mehr. Der Geist ist klar und sieht unbegrenzt. Für uns ist es schwierig, das zu begreifen, da wir durch den physischen Körper und die physische Welt begrenzt sind. Die wahre Natur des Geistes ist jedoch vollkommen klar. Wir müssen uns immer wieder an diesen klaren Aspekt des Geistes erinnern, um uns damit vertraut zu machen. Sonst wird die Klarheit sofort wieder vergessen, und wir fallen in unsere üblichen Mechanismen zurück.

Es ist sehr wichtig, auf welche Weise wir die Belehrungen aufnehmen und in unserem Leben umsetzen. Für jemanden, der den Buddhismus gerade erst kennengelernt hat, mag dieser nicht leicht verständlich sein, da er womöglich gar nicht nach der Erleuchtung strebt. Andere wissen nicht genau, wonach sie eigentlich suchen. Vielleicht wünschen sie sich, das Leben besser zu verstehen. Doch was immer die Menschen sich wünschen, sie brauchen darüberhinaus den Dharma. Das ist vergleichbar mit dem Kauf eines Hauses. Wenn wir nach einem Haus suchen, ist uns ein Garten zunächst nicht wichtig; haben wir uns jedoch im Haus eingerichtet, beginnen wir uns über das Anlegen eines schönen Gartens Gedanken zu machen. Ähnlich ist es, wenn wir anfangen, mit dem Dharma in Verbindung zu treten. Zu Beginn wollen wir vielleicht nur unsere Probleme lösen oder in unserem Leben leistungsfähiger werden. Für gewöhnlich suchen wir uns die Bereiche der Belehrungen heraus, die uns gefallen, und wenden diese auf unsere eigenen Umstände an. Ungeachtet unseres ursprünglichen Anstoßes, nach dem Dharma zu suchen, werden wir dann zweifellos bemerken, dass uns immer noch etwas fehlt, und infolgedessen tiefer gehen. Deshalb ist es so wichtig, einen offenen Geist zu haben und zu versuchen, die eigene Sichtweise nicht zu begrenzen.

Sich nur dann auf die Lehren zu stützen, wenn wir Probleme haben, um sie danach wieder zu vergessen, ist nicht ratsam. Indem wir in zunehmendem Maße praktizieren und Belehrungen hören, beginnen wir langsam damit, uns zu öffnen. Dadurch erlangen wir schrittweise mehr Klarheit über uns selbst. Unser Verständnis nimmt zu, was auch anderen zugute kommt. Gleichzeitig festigt sich unser Entschluss, dass uns die Erleuchtung wirklich wichtig ist. Im Alltag bemerken wir, dass unsere Handlungen immer öfter mit dem Dharma übereinstimmen. Die meisten Menschen haben jedoch zunächst den Wunsch nach der Erleuchtung gar nicht. Deshalb versuchen die Lehrer mit Verständnis für die Neigungen der verschiedenen Individuen, entscheidende Punkte in ihre Erklärungen einzuschließen, die sowohl auf kurze als auch auf lange Sicht sinnvoll für sie sind.

Bisher sind wir an unsere eigene Denkweise gewöhnt, und zwar denken wir in erster Linie an uns selbst und unseren persönlichen Nutzen. Das ist für uns alle einfach und völlig natürlich. Bittet man uns aber, unseren Horizont etwas zu erweitern, entdecken wir, dass unser Geist sehr begrenzt ist; unsere innere Haltung und unsere Vorstellungen sind in gewisser Weise eingeschränkt und voreingenommen. Wenn wir etwas erreichen wollen, treiben wir uns für gewöhnlich an, um das gewünschte Resultat zu erlangen. Stets bewegen wir uns voran und bemühen uns, bestimmte Ergebnisse zu erreichen, eins nach dem anderen. So haben wir stets funktioniert. Erleuchtung oder einen klaren Geist zu erlangen ist jedoch völlig anders. Hierbei handelt es sich nicht um ein feststehendes Resultat, das wir erreichen können. Der Pfad zur Erleuchtung beinhaltet umfassendes Wissen und zahlreiche Qualitäten. Jeder von uns muss danach streben, schrittweise das eigene Verständnis und die Klarheit des Geistes zu entwickeln.

Unnötig zu erwähnen, dass alles einzig von unseren eigenen Bemühungen abhängt. Nachdem wir den Belehrungen mit offenem Geist zugehört haben, nehmen wir uns die Zeit, über deren Bedeutung zu reflektieren. Durch Innenschau beginnen wir zu verstehen. Wir entwickeln eine leicht veränderte Erwartung in Bezug auf unsere Praxis und unser Leben, und diese Erwartung behindert uns nicht. Tatsächlich führt sie uns zu einem tieferen Verständnis und zu größerer Klarheit. Dann werden wir fähig, unser Leben und unsere Praxis auf eine andere Weise zu erfahren. Dieser Wandel kann jedoch nur stattfinden, wenn wir uns die Zeit nehmen, die Lehren in unser Leben und unsere Praxis zu integrieren. Erinnern wir uns dabei immer an den Prozess des Hörens, Nachdenkens und Integrierens. Dies ist ein kontinuierlicher und schrittweiser Prozess, der uns auf das letztendliche Ziel vorbereitet : die Erleuchtung.

Unsere
Mechanismen verstehen

Yeshe bezeichnet im Tibetischen eine Weisheit, die ungekünstelt, ohne Unterscheidung und frei von Beurteilung ist. Diese Weisheit ist gleichbedeutend damit, ohne Hindernisse oder Grenzen klar zu sehen. Dem Dharma entsprechend zu leben bedeutet, ohne Anhaftung oder Ablehnung zu leben. Wir können nur auf der Grundlage unserer gegenwärtigen Fähigkeiten funktionieren, uns jedoch bemühen, auf eine andere Weise zu leben, bei der wir mit *Yeshe* verbunden sind.

Untersuchen wir unsere eigene Situation bezüglich unserer gewöhnlichen alltäglichen Mechanismen, werden viele Fragen aufkommen, die durch die Praxis des Dharma jedoch geklärt werden. Wir verbinden also zwei Teile miteinander. Der erste Teil sind die Dharma–Belehrungen und die Erklärungen, die uns zeigen, wie die Dinge sind, und wie wir selbst funktionieren. Der zweite Teil sind unsere gegenwärtigen

Bedingungen, alles das, was in unserem Leben jetzt geschieht. Diese beiden Teile wollen wir miteinander verbinden. Wir untersuchen die Bedingungen, Schwierigkeiten oder Situationen unseres Lebens und stellen fest, ob das, was im Dharma gelehrt wird, wahr ist oder nicht. Können wir die Bedingungen und Vorstellungen, wie sie im Dharma beschrieben werden, auf uns anwenden? Trifft ihr Sinn, wie er im Dharma erklärt wird, auf unsere persönlichen Umstände zu? Wenn wir auf diese Weise nachforschen, beziehen wir die Bedeutung des Dharma auf unser eigenes Leben. Dadurch erreichen wir ein genaueres Verständnis der Bedeutung der Belehrungen sowie unserer selbst. Immer wenn wir nach einer Lösung für ein Problem suchen, besteht die Möglichkeit, Klarheit im eigenen Geist zu entwickeln. Erhalten wir jedoch bezüglich einer Sache nur Erklärungen und versuchen daraufhin sofort, sie zu verstehen, wird uns nicht in gleichem Maße klar, was gemeint ist. Wir müssen uns die Zeit nehmen, die Bedeutung richtig zu prüfen und zu analysieren, bevor wir zu einem wirklichen Verständnis gelangen können.

DIE VERDUNKELUNG DES GEISTES

Es ist wichtig zu wissen, dass unsere Wahrnehmung durch das in unserem Geist vorhandene Karma geprägt ist. Dieses wiederum wurzelt in der Unwissenheit. Karma ist die Ursache dafür, dass unser Verständnis und unser Wissen verdunkelt oder getrübt sind. Wie kann Karma unseren Geist trüben? Es sind die Resultate von Karma, die die Ursache für eine im Geist vorhandene Verdunkelung sind. Verdunkelung wirkt wie ein Schleier, der unsere Wahrnehmung bedeckt, verfälscht und einfärbt. Als Folge davon können wir die wahre Natur der Dinge und unserer selbst nicht erkennen. Im Allgemeinen wird von drei Arten von Verdunkelung oder Schleiern gesprochen, welche die Ursache für das Leid der fühlenden Wesen (*Semchen* auf Tibetisch) sind:

• durch gewohnheitsmäßige Neigungen verursachte Schleier;
• durch konzeptgebundenes Wissen oder vorgefasste und verfestigte Vorstellungen verursachte Schleier;
• durch *Nyönmong*[6] oder störende Gefühle verursachte Schleier.

Die Natur des Geistes wird durch die gewohnheitsmäßigen Neigungen verdunkelt. Die Ursache unserer Gewohnheiten können wir am einfachsten in unserem Alltag feststellen. Ein Beispiel ist unsere Erziehung, während derer wir uns zahlreiche Werte und Gebräuche angeeignet haben, die in uns als Gewohnheiten verwurzelt sind. In den Lehren wird erklärt, dass sich

---

[6] *Nyönmong* auf Tibetisch oder Klesha auf Sanskrit bezieht sich auf alle mentalen Faktoren, die eine verdunkelnde Wirkung auf den Geist haben, wie Zorn, Eifersucht, Begierde, Stolz, usw. Dieser Ausdruck wird mit „störende Gefühle" übersetzt, oder auch mit „leidbringende Emotion", „Leidenschaft" oder „emotionale Verblendung".

auch in vorhergehenden Leben Gewohnheiten ausgebildet haben.

Wir alle funktionieren auf ähnliche Weise. Wenn wir zum Beispiel meinen, wir würden etwas wissen, glauben wir daran und sind völlig davon überzeugt. Gleichzeitig sind wir dadurch jedoch eingeschränkt. Wenn uns nämlich etwas begegnet, das dem uns Bekannten widerspricht, können wir es nicht einfach akzeptieren und lehnen es folglich ab. Das heißt, unser Geist wird durch das, was wir bereits wissen, blockiert. Tatsächlich ist das völlig normal. Dergestalt ist die menschliche Natur und die Natur aller Lebewesen, die in einer illusorischen und bedingten Existenz leben und diese für wirklich halten.[7]

Wir können nicht erkennen, ob unsere Seinsweise richtig oder falsch ist, weil unsere Fähigkeiten blockiert sind. Wenn wir wie gewohnt leben und dann mit etwas uns Fremdem konfrontiert werden, neigen wir dazu, es abzulehnen. Genauso hinterfragen oder beurteilen wir nicht mehr, was wir bereits kennen. Wir halten es für wirklich und nicht etwa für eine Illusion. Können wir jedoch verstehen, dass jeder Umstand weder richtig noch falsch ist, es aber wichtig ist, damit zu arbeiten, haben wir mehr Raum, um zu handeln, uns anzupassen oder unsere Position zu verändern. In dieser Hinsicht gewinnen wir eine größere Freiheit – es ist eine Befreiung des Geistes. Wir versuchen, die ver-

---

[7] Die „illusorische und bedingte Existenz" der fühlenden Wesen wird allgemein als Samsara bezeichnet.

schiedenen Aspekte unserer Bedingungen zu verstehen, ohne sie zu ergreifen oder darin festgefahren zu sein. Auch lehnen wir sie nicht ab. Für alle Aktivitäten unseres täglichen Lebens ist dies ein günstiger Blickwinkel, wodurch wir auch andere besser verstehen, was auf der relativen Ebene[8] unser hauptsächliches Ziel ist.

Wir sollten dabei völlig natürlich bleiben. Es ist keinesfalls außergewöhnlich, über die Belehrungen nachzudenken und sich auch im Alltag darauf zu beziehen, es ist jedoch wichtig. Wenn wir wollen, dass unsere Dharma–Praxis zu Resultaten führt, sollte der Dharma Teil unserer alltäglichen Funktionsweise sein. Und da es sich nicht um etwas Besonderes handelt, bleiben wir dabei völlig entspannt und natürlich. Wir können die Bedeutung der buddhistischen Lehren auf jeden Umstand anwenden, mit dem wir im Laufe des Tages konfrontiert werden. Deshalb ist auch jede Situation nützlich für uns. Wir nutzen sie, um unser Verständnis der genauen Bedeutung jeder essentiellen Aussage des Dharma zu klären. Dadurch gelangen wir schrittweise zu einem tieferen Verständnis.

Wenn wir etwas auf direkte Weise selbst erkennen, verbleibt dieses Verständnis in unserem Geist und wirkt in uns weiter. Das Problem ist nur, dass wir nie ein exaktes Verständnis erlangen. Das liegt daran, dass wir ständig von un-

---

[8] „Relativ" bezieht sich hier auf unsere momentane Erfahrung der Welt der Erscheinungen, im Gegensatz zu der „absoluten" oder „letztendlichen" Erfahrung der wahren Natur des Geistes und aller Phänomene, wie ein erleuchteter Geist sie erlebt.

seren getrübten Wahrnehmungen beeinflusst werden; deshalb ist es so wichtig, dass wir uns unserer gewohnheitsmäßigen Neigungen bewusst werden. Unsere Gewohnheiten sind Teil von uns und beeinflussen somit unsere Art zu denken, die wiederum unsere Gefühle und Handlungen bestimmt. Die Konzepte, die wir durch unsere Sozialisation und dadurch, dass wir in dieser Welt leben, angenommen haben, bestimmen uns gleichermaßen. Auch unsere Emotionen, also die Art und Weise, wie wir häufig automatisch fühlen und reagieren, sind Teil unserer gewohnheitsmäßigen Neigungen. Nie haben wir diese Neigungen beachtet. Wir meinen, einfach so zu sein wie wir sind, gelangen aber dadurch nicht zu einer angemessenen Sichtweise. Wir halten das uns Vertraute für normal, erfahren dabei aber unser Leben nur oberflächlich. Es geht nicht darum, das Leben als oberflächlich oder falsch zu erachten. Wir sollten uns jedoch bemühen, genauer hinzuschauen, wenn wir in konkreten Situationen sind, anstatt nur unseren üblichen Neigungen zu folgen. Versuchen wir doch den Dharma anzuwenden und Situationen sorgfältiger zu untersuchen. So gelangen wir nach und nach zu einem besseren Verständnis der Dinge, wodurch wir fähig werden, mit ihnen in Beziehung zu treten, ohne dem Einfluss unserer Neigungen zu unterliegen.

Nehmen wir als Beispiel einen Spaziergang auf einer Wiese, bei dem wir zahlreiche Pflanzen und Blumen in verschiedenen Farben und Formen sehen. Beobachten wir einmal, wie wir uns dabei fühlen und welcher innere Dialog stattfindet. Da werden wir Gedanken bemerken wie etwa: „Das ist gut, das ist nicht gut, das ist schön, das ist nicht schön." Sind wir uns dessen nicht bewusst, denken wir ununterbrochen so weiter. Das ist völlig normal. Solche kleinen Wertungen beschäftigen unseren Geist unaufhörlich. Sie entstehen aus unseren Neigungen und den Konzepten, die wir angenommen haben. Diese Konzepte sind vielleicht auch aus den Meinungen anderer entstanden. Wir haben sie gehört und als unsere eigenen angenommen, so dass wir ebenfalls denken: „Oh ja, das ist gut." Konzepte beruhen auch auf dem, was allgemein als annehmbar gilt, im Gegensatz zu nicht annehmbaren Dingen. Wir sollten versuchen, mehr hinter solche Konventionen und Werte zu schauen. Was uns als gut oder schlecht erscheint, entsteht in Wirklichkeit aus Gewohnheiten durch unser Leben in der Gesellschaft, an die wir uns angepasst haben. Jemand sagt uns zum Beispiel, dass Löwenzahn nur ein gewöhnliches Unkraut ist, Orchideen hingegen seltene und edle Blumen sind. Wenn wir das oft genug hören, werden wir auch irgendwann dieser Meinung sein. Versuchen wir jedoch, allein und ohne äußeren Einfluss eine frische Perspektive zu gewinnen, ist unsere Wahrnehmung völlig anders.

Unser Denken gründet vorwiegend auf unseren Neigungen. Ob unser Geist glücklich ist oder nicht, hängt davon ab, wie wir die Umstände interpretieren. Es ist wichtig, sich von diesen Neigungen zu befreien. Wenn kein Greifen nach den Dingen mehr vorhanden ist, ist nichts da. Wir gehen einfach auf einer Wiese spazieren und schauen uns um. Wenn wir mit einem frischen Geist im Moment ruhen, ist unsere Wahrnehmung sehr klar. Wir werden uns unserer Meinungen und Beurteilungen bewusst; diese sind jedoch nicht weiter von Bedeutung. Wichtig ist klar zu sehen und die Dinge so wahrzunehmen wie sie sind, wozu der Geist durchaus in der Lage ist. Wir entscheiden uns deshalb für die Arbeit mit jeder Situation so wie sie ist, weil wir über die Fähigkeit dazu tatsächlich verfügen.

Unser Leben ähnelt dem Spaziergang auf einer Wiese. Es gibt viele Dinge und so manche Komplikation. Schauen wir jedoch genauer hin, erkennen wir, dass es gar nicht so schwierig, kompliziert oder belastend ist. Eher ist es das Gewicht unserer Gewohnheiten, Meinungen und unserer Denkweise, die wir in jede Situation mit einbringen, was alles kompliziert und schwer macht. Zeitweise fühlen wir uns überfordert. Betrachten wir die Situation jedoch genauer, können wir erkennen, dass es dafür eigentlich keinen Grund gibt. Wenn wir zu sehr in eine Richtung tendieren oder uns zu sehr auf bestimmte Bereiche spezialisieren, können wir tatsächlich aus dem Gleichgewicht geraten. Deshalb ist es ratsam, unsere Fähigkeiten zu nutzen, dabei jedoch eine gewisse Distanz oder etwas Raum und eine umfassendere Sichtweise zu bewahren. Auf diese Weise wird der Geist offener. Sogar der Umgang mit anscheinend wichtigen Gegebenheiten ist nicht so schwierig, denn wir bleiben „frisch". Eine frische Denkweise und eine gewisse Weisheit ermöglichen es, alle Dinge und ihre jeweiligen Bedingungen leicht zu verstehen. Hier handelt es sich um einen neuen Weg. Wenn wir die Verdunkelungen durch unser konzeptgebundenes Wissen, unsere gewohnheitsmäßigen Neigungen und unsere störenden Gefühle, ob positiv oder negativ, überwinden können, gewinnt unser Geist an Klarheit, und wir können mit allen Situationen umgehen.

Wie zuvor erklärt, befinden wir uns momentan zwischen dem Weg, der durch die Lehren des Buddha aufgezeigt wird, und dem uns so vertrauten weltlichen Weg. Für gewöhnlich meinen wir, die Lehren seien perfekt, unser eigenes Leben jedoch weit weniger leicht oder perfekt. Wir sehnen uns nach Perfektion, können diese aber nicht erreichen. Vielleicht versuchen wir, zumindest für einige Stunden so perfekt wie möglich zu sein, können dies aber den Rest der Zeit nicht aufrechterhalten. Im Allgemeinen ist das der Zustand, in dem wir uns befinden. Tatsächlich könnten wir diesen aber ändern, indem wir die Belehrungen so weit wie möglich anwenden und folgendermaßen reflektieren: „Was bedeuten die Belehrungen wirklich? Was sollte ich in meiner Lebenssituation tun?" Auf diese Weise verbinden wir uns zutiefst mit den Lehren. So nimmt unsere Klarheit zu, und zwar nicht nur durch ein Erinnern der Worte, sondern durch eine Integration des Dharma in unsere Seinsweise. Wir verstehen ihn dann leichter und können auch unsere Lebensumstände besser meistern.

DIE EMOTIONEN

Emotionen sind Teil unseres Geistes. Wir sollten sie weder unterdrücken noch verstärken, sondern lernen, sie zu verstehen. Tun wir das, ist alles einfacher zu handhaben, die Beziehungen zu den anderen werden leichter und unsere Verbindung zum Dharma gestärkt. Das Gegenteil trifft ebenso zu: Wenn wir unsere Emotionen nicht verstehen, wird alles kompliziert, wir kritisieren andere und uns selbst. Hier kommen wir wieder zu unserem eigenen Geist. Alle Belehrungen stimmen in diesem Punkt überein. Wenn wir die Bedingungen unseres Geistes wirklich verstehen, können wir die Dinge erkennen, wie sie sind. Wenn wir beispielsweise Zahnschmerzen haben, erleben wir diese als real und nicht als eine Illusion. Erkennen wir aber die wahre Natur des Geistes, erfahren wir den Schmerz als Illusion. Über Emotionen zu sprechen, ist leicht. Sie zu erleben, ist sehr schwierig für uns, da wir die verschiedensten Konzepte darauf aufgebaut haben. Zumeist versuchen wir, die guten Gefühle zu behalten und die schlechten loszuwerden. Das ist völlig normal, und nichts daran ist falsch. Die negativen Emotionen können jedoch nicht verscheucht werden, da sie nicht verschieden sind vom Geist – sie sind Geist.

Die Frage ist nun, was wir tun können. Jeder von uns hat bereits kontraproduktive Emotionen erlebt, wie etwa Zorn, Eifersucht, Unzufriedenheit, Stolz und andere. Wir meinen, dass wir erst dann glücklich sein könnten, wenn wir sie losgeworden sind. Das ist jedoch falsch. Wir müssen nach der Ursache dieser negativen Emotionen suchen, nach der Wurzel von Zorn, Eifersucht, Anhaftung, Stolz und Erwartungen. Da die Emotionen nicht verschieden von unserem Geist sind, besteht die einzige Lösung darin, die wahre Natur des Geistes zu verwirklichen. Dadurch können wir erkennen, dass negative Emotionen sinnlos sind, und so werden sie sich von selbst auflösen. Der Prozess, die Natur des Geistes zu verwirklichen, ist gewiss alles andere als einfach und benötigt sehr viel Zeit. Dennoch sollten wir uns nicht entmutigen lassen. In den Belehrungen wird empfohlen, sich einer Situation und der damit verbundenen Umstände bewusst zu sein. Wir üben uns darin, den Geist und seine Ausrichtung zu betrachten. Wir erkennen dann, dass wir Begierden und Erwartungen haben. Wenn diese nicht befriedigt werden, tauchen unsere negativen Emotionen auf. Das ist stets der Fall. Es ist von höchster Bedeutung, diesen grundlegenden Mechanismus in uns selbst und anderen zu verstehen. Dabei ist es gut, einfach nur hinzuschauen, ohne zu versuchen, irgendetwas loszuwerden. Zu Beginn arbeiten wir in dieser Weise mit unseren Emotionen.

In einem aufgewühlten Geist, einem Geist ohne Frieden, entstehen Emotionen. Wir sind derart an diesen emotionalen Prozess gewöhnt, dass es schwierig ist, Abstand dazu zu haben und eine Emotion als das zu sehen, was sie ist. Wann immer unser Geist sich in einem unangenehmen Zustand wie Ärger, Traurigkeit oder einer leichten Depression befindet, können wir diesen für unsere Praxis benutzen. Anders ausgedrückt nutzen wir den aufgewühlten Geist, um die Belehrungen zu überprüfen. Auf diese Weise haben wir die Möglichkeit, die Bedeutung der Belehrungen spontan in unserem Geist zu erfahren, jenseits dessen, was Worte oder ein nur auf Konzepten beruhendes Verständnis uns vermitteln können. Am Anfang sind schwächere Gefühle leichter für dieses Unterfangen zu nutzen. Wenn wir zum Beispiel nur ein wenig unglücklich sind, können wir versuchen zu erkennen, wie der Geist mit dieser Emotion verknüpft ist. Was ist die Ursache des Unglücklichseins? Ist es Stolz, Anhaftung, Unwissenheit oder Hass? Versuchen Sie, die Ursache ehrlich und deutlich zu benennen, da wir nämlich daran gewöhnt sind, Entschuldigungen zu finden. Es ist einfach zu sagen: „Ich bin aus diesem oder jenem Grunde unglücklich." Sind wir jedoch ehrlich und versuchen wirklich, an die Quelle unserer Unzufriedenheit zu gelangen, werden wir eine gewisse Einsicht gewinnen, auf Tibetisch *Denpa* genannt.

Denpa bedeutet „Wahrheit", und zwar ohne Ausreden oder Kompromisse. *Denpa* zeigt die wirkliche Situation des Geistes auf. Wir neigen dazu, der Wahrheit auszuweichen, wodurch es schwierig wird, einer Situation ins Gesicht zu sehen und sie direkt anzugehen. Am besten ist es, eine Situation nur zu betrachten, ohne irgendwelche Gefühle hinzuzufügen. Wir suchen jedoch gerne nach etwas Wichtigem. „Ich brauche dies, ich muss jenes machen." Stets beab-

sichtigen wir etwas. Vorbehaltlos und ohne Ziel
zu schauen ist uns fremd, und wir müssen dies
erst lernen. Dabei vermeiden wir, irgendetwas
loswerden oder ein besseres Resultat erlangen
zu wollen. Weder möchten wir dann etwas gewinnen, noch hegen wir Erwartungen.

Betrachten wir als Beispiel hierfür einen Spaziergang, bei dem wir hinfallen. Was ist die Ursache des Sturzes? Lag es an den Schuhen, der
Straße oder der Art und Weise, wie wir gehen?
Wir schauen einfach hin, ohne Standpunkt oder
vorgefasste Meinungen, ganz natürlich. In gleicher Weise betrachten wir die Ablenkungen, die
in unserem Geist auftauchen. Es geht hier nicht
darum, ein bestehendes Problem zu lösen, sondern die mentalen Bedingungen zu erkennen,
die zu dem Problem geführt haben. Das führt
zu einer klaren Antwort, die ganz von selbst
kommt. Tatsächlich ist diese Vorgehensweise
recht schwierig. Versuchen wir jedoch immer
wieder, auf die beschriebene Art zu schauen,
wird uns schließlich alles wesentlich klarer.
Langsam entwickeln wir *Ngepa*, Gewissheit, ein
sehr klares Verständnis, das uns dazu befähigt,
an uns zu arbeiten. Das klingt vielleicht einfach,
die Anwendung ist aber aufgrund unserer emotionalen Zustände und Bedingungen gelegentlich auch verwirrend. Wir müssen jedoch
lernen, mit diesen umzugehen, weswegen wir
praktizieren und versuchen, die Anweisungen
umzusetzen.

Der Dharma zeigt uns die wahre Natur des
Geistes und aller Phänomene. Dies verstehen
wir möglicherweise bereits auf intellektueller

Ebene. *Denpa* oder „Wahrheit" zeigt die Natur des Geistes, die Natur aller Bedingungen auf. Diese Wahrheit müssen wir jedoch selbst erkennen und verwirklichen, *Denpa* also selbst erfahren. Ohne Zweifel oder Zögern versuchen wir, die Natur unseres Geistes und unserer Emotionen zu sehen. Dies praktizieren wir nicht, weil uns das jemand gesagt hat, sondern einfach, weil wir die Wahrheit erkennen wollen.

Nehmen wir das Beispiel unserer Situation hier in *Samsara*. Wir erleben beides, Glück und Trauer. Während wir weiterhin auf die uns vertraute Weise nach Glück suchen, können wir uns auch die Zeit nehmen, die Praxis auszuführen und nach einem klaren und friedlichen Geist zu streben. Die Klarheit unseres Geistes hat zwei positive Auswirkungen auf uns. Die eine besteht aus einer völligen Hingabe an die jeweilige Aufgabe, die andere aus einer klaren Sicht unseres augenblicklichen Tuns. Entscheidend ist also die Selbstbeobachtung. Wir beobachten uns ohne Unterlass: während der Meditation, bei der Arbeit, in schwierigen Situationen oder wenn wir glücklich sind. Auf diese Weise versuchen wir, unsere Achtsamkeit von den normalen Geschehnissen des Lebens getrennt zu halten. In diesem Zusammenhang bedeutet „getrennt" die Fähigkeit, sich selbst in jedem Moment, sei es bei großer Freude oder großer Trauer, mit einer gewissen Distanz betrachten zu können, fast als ob wir einen Film sehen. Wenn wir das können, verstehen wir selbst bei großer Traurigkeit, dass dieser Zustand auf gewisse Weise in Ordnung ist. Das mag merkwürdig klingen, ist jedoch ein sehr wichtiger Punkt. Versuchen Sie es und sehen Sie selbst. Wenn Ihnen das im Moment noch schwer verständlich erscheint, dann bewahren Sie es als nützliche Information für die Zukunft auf.

Wann immer wir die Natur einer Gegebenheit nicht genau erkennen können, können wir auf die Belehrungen zurückgreifen, um Klärung und Anleitungen zu finden. Im Alltag finden wir bei Unsicherheit bezüglich einer Angelegenheit stets eine Erklärung. Was aber unsere Emotionen betrifft, wollen wir sie als solche erkennen. Wir halten uns selbst beispielsweise im Allgemeinen für sehr wichtig, was auch die Wahl unserer persönlichen Lebenssituation beeinflusst hat. Haben wir uns etwa den Arm gebrochen, ist das sehr schmerzhaft. Bei genauerer Betrachtung erkennen wir, dass wir uns mit unserem Arm identifizieren. Er ist ich. Selbst wenn wir uns sagen, dass der Schmerz illusorisch ist, können wir es natürlich nicht einfach dabei belassen, sondern wir müssen uns um die Verletzung kümmern. Eine andere Möglichkeit besteht darin, den Arm als getrennt vom eigenen Geist zu erleben, wodurch der Schmerz im Arm ebenfalls als getrennt erlebt wird und einfacher zu ertragen ist. Wir wissen, dass wir uns den Arm gebrochen haben, kennen die Ursache und die daraus resultierenden Umstände. Diese Art der Analyse besteht darin, Geist und Arm getrennt voneinander zu erleben, wodurch größere Klarheit im Geist entsteht. Als Folge davon erfahren wir den Schmerz anders und können auch unseren Geist anders verstehen. Ohne diese Untersuchung bleiben Geist und Schmerz fest miteinander verwoben, was zu Leid und Verwirrung führt. Wir haben also diese beiden Möglichkeiten, die Situation eines gebrochenen Armes zu betrachten.

Die beiden Arten der Betrachtung lassen sich auf äußere Ereignisse unseres Lebens genauso anwenden wie auf unsere inneren Gefühle und emotionalen Zustände. Zuerst versuchen wir zu erkennen, wie wir uns mit diesen identifizieren, denn andernfalls hätten sie schließlich keinen Kontakt mit unserem Geist. Indem wir eine gewisse Distanz zu unseren Gedanken und Handlungen aufrechterhalten, können wir mit unserem Geist und seinen Bewegungen mehr im Einklang sein. Sich mit unseren Gedanken und Handlungen nicht zu identifizieren heißt nun aber auf keinen Fall, dass wir achtlos oder gleichgültig werden, nach dem Motto: „Alles ist egal." Solange wir uns in *Samsara* befinden, achten wir sorgfältig auf alles, was wir tun. Es geht auch darum, ein wachsames Auge auf unser Verhalten in alltäglichen Situationen zu haben, auf unsere emotionalen Zustände und deren Ursachen. Durch Beobachtung und diesbezügliche Achtsamkeit gewinnen wir weiteres Verständnis sowie eine größere Klarheit.

Wir neigen aus Gewohnheit dazu, jede Situation zu beurteilen; hier wäre es jedoch besser, genauer hinzuschauen und festzustellen, was wirklich wichtig ist. Es ist beispielsweise in keiner Weise verkehrt, sehr aktiv zu sein und keinerlei Zeit zu vergeuden. Ohne Frage sind wir dabei von unseren persönlichen Tendenzen und unserem kulturellen Hintergrund geprägt; diese bestimmen die relativen Bedingungen unseres Geistes. Nichts muss hinzugefügt oder abgelehnt werden. Wir versuchen, jede Situation und jeden Geisteszustand zu akzeptieren, gleichzeitig aber ein wenig Abstand davon zu haben und möglichst achtsam zu sein. Dies ist bereits eine gute Vorbereitung auf die Meditation.

Meditation bedeutet, achtsam zu sein und sich nicht von Gedanken ablenken zu lassen. Bisher ist es für uns noch sehr schwierig, im täglichen Leben nicht abgelenkt zu sein. Unsere Gedanken sind zur Zeit noch übermächtig. Dennoch sollten wir, wann immer wir können, versuchen, achtsam zu sein. Wir sollten einmal anders hinschauen als wir es gewohnt sind. Manchmal meinen wir, wir hätten keine Zeit für Achtsamkeit oder für eine neue Sichtweise, oder wir wissen einfach nicht, wie es geht. Oder aber wir sind nicht genügend interessiert und motiviert, um es überhaupt zu versuchen. Es kann auch sein, dass wir uns von zu vielen Informationen überwältigt fühlen und uns nicht entscheiden können, welche Methode wohl am besten für uns geeignet ist. Tatsächlich ist es aber gar nicht derart verwirrend, auch wenn es durchaus verständlich ist, dass wir es so empfinden.

Ohne jeden Druck können wir dieses Gewahrsein überall praktizieren, sei es beim Meditieren, bei Belehrungen oder im täglichen Leben. Wir sollten uns auf keinen Fall dazu zwingen. Wir sind einfach achtsam, ohne vorgefasste Meinungen, weil es uns dabei hilft, eine größere Klarheit zu entwickeln. Fällt es uns schwer, dies ständig zu üben, können wir es auch nur von Zeit zu Zeit versuchen. Je öfter wir es tun, umso einfacher wird es. Es ist wichtig zu verstehen, dass diese Art der Beobachtung deshalb von Bedeutung ist, weil sie uns auf die meditativen Praktiken vorbereitet. Kurz gesagt müssen wir diese Art des klaren Erkennens also praktizieren, um es wirklich selbst zu erfahren.

Die Vier Gedanken

Im Allgemeinen beginnt jede meditative Praxis mit den sogenannten „vorbereitenden Übungen". Diese Übungen unterstützen den Praktizierenden und bereiten ihn auf die weiterführenden Meditationen vor. Die „Kontemplation der Vier Gedanken" ist eine unabdingbare vorbereitende Übung, da sie indirekt beeinflusst, welche Entscheidungen wir in unserem Leben treffen. Diese Vier Gedanken sind in Kurzform:

• Kontemplation der kostbaren menschlichen Existenz
• Kontemplation von Vergänglichkeit
• Kontemplation von Karma
• Kontemplation des Resultats von Karma – Leid

Auf den ersten Blick scheinen diese Gedanken einfach und leicht verständlich zu sein. Dann aber – möglicherweise aufgrund eines Mangels an Verständnis – können Zweifel bei uns aufkommen und wir finden Ausreden, um die Gültigkeit dieser Aussagen einzuschränken. Manchmal fühlen wir uns auch unfähig, mit diesen Vier Gedanken umzugehen, und blenden sie einfach aus. Das ist ganz normal. Unbewusst neigen wir dazu, Schwieriges zu vermeiden, es unter etwas Schönem zu verbergen und dann nur die Hülle zu betrachten, so wie wir das unfertige Holz eines Schreins unter einem hübschen Stoff verbergen. Ähnlich ist es in unserem Leben; wenn wir bei einer Sache nicht genau hinsehen wollen, wenden wir uns einfach ab oder machen eine nette Bemerkung darüber. Ist unser Arm gebrochen, wird es jedoch nicht helfen, freundlich darüber zu reden oder ihn mit Stoff zu bedecken. Er muss behandelt werden. Der Wirklichkeit des Lebens ins Gesicht zu sehen bedeutet andererseits aber auch nicht, dass wir pessimistisch sein oder leiden müssen. Es geht nur darum, die Vier Gedanken sorgfältig zu bedenken, um die Wahrheit ihrer jeweiligen Bedeutung zu erfassen.

KONTEMPLATION DER KOSTBAREN MENSCHLICHEN EXISTENZ

Der erste der Vier Gedanken besteht in der Kontemplation der kostbaren menschlichen Existenz. Möglicherweise denken wir nun gleich an die Überbevölkerung Chinas oder Indiens, und das menschliche Leben erscheint nicht besonders wertvoll oder kostbar! Dabei haben wir uns selbst aber auf gewisse Weise übersehen.

34

Die kostbare menschliche Existenz bedeutet genau, dass unser eigenes Leben wertvoll ist. Deshalb sollten wir gute Entscheidungen treffen und unser Leben auf eine sinnvolle Weise verbringen. Sollten Sie etwas Falsches tun, wäre es besser, damit aufzuhören. Auch müssen Sie sich vor Schaden schützen. Wenn Sie beispielsweise fliegen müssten, das Flugzeug jedoch Mängel aufweist, wäre es besser, auf eine andere Weise zu reisen. Es kann gelegentlich vorkommen, dass sich eine gleichgültige Haltung einschleicht und wir aufgrund dessen Risiken ignorieren. Manchmal beschönigen wir auch Situationen und bezeichnen sie als „in Ordnung", obwohl das nicht der Fall ist. Solcherlei Einstellungen werden Illusionen genannt, und wir sollten uns nicht von ihnen einfangen lassen. Wir sollten ehrlich zu uns selbst sein, das Beste aus unserem Leben machen oder das tun, was notwendig ist. Das kostbare menschliche Leben sind wir selbst mit unserem eigenen Potential. Es geht darum, diese außerordentlich große Chance sinnvoll zu nutzen.

Buddha Shakyamuni sagte, dass alle Wesen, nicht nur Menschen, das Potential besitzen, ein Buddha zu werden. Wir können die Verwirklichung eines Buddha jedoch nur in einem menschlichen Körper erlangen. Unsere grundlegende Natur, das Potential zur Erlangung der Buddhaschaft, ist vollkommen frei von den Verwirrungen des sich in der Illusion von *Samsara* befindlichen Geistes. Die Verwirklichung der Buddhaschaft bedeutet unter anderem, frei von Verwirrung zu sein. Jetzt haben wir die Möglichkeit dazu und sollten sie keinesfalls vergeuden. Unsere weltliche Ausrichtung besteht stets darin, etwas erlangen zu wollen, und zwar zumeist vergängliche und oberflächliche Dinge. Es bleibt uns kaum Zeit, um gründlich nachzudenken. Besser wäre es, eine umfassendere Perspektive zu entwickeln und sich auf langfristige Ziele auszurichten. Es ist sinnvoll, unsere Bemühungen dort zu investieren, wo wir fortdauernden Nutzen erreichen, denn der Geist endet niemals, er löst sich nicht irgendwann auf. Überdies wollen wir frei von Leid und Unwissenheit werden. Dieses Leben ist somit von großer Bedeutung, da wir jetzt auf eine sinnvolle Weise handeln können, die unsere Zukunft grundlegend verändern wird.

Gemäß dem „Gesetz von Ursache und Wirkung" (welches später erklärt wird) ist unser jetziges menschliches Leben das Resultat unserer früheren Handlungen oder Taten. Wenn wir weiterhin sinnvoll handeln, werden wir wieder in guten Lebensumständen geboren werden. Gute Bedingungen zeichnen sich dadurch aus, dass wir über die Freiheit verfügen, den Dharma praktizieren zu können. Das bedeutet zum Beispiel, in einer Zeit und an einem Ort geboren zu sein, wo authentische Lehrer den Buddhismus unterrichten; oder nicht mit einer Behinderung geboren zu sein, durch die wir die Dharma–Belehrungen nicht verstehen oder praktizieren könnten. Ebenso sollte uns nicht die Fähigkeit fehlen, überhaupt an etwas zu glauben, denn dann würde es für uns nichts Erstrebenswertes zu tun geben. Wir wünschen uns

Mitgefühl und die Fähigkeit, dieses weiter zu entwickeln. Die Befreiung von *Samsara* bedeutet nicht, die Welt zu verlassen. Es handelt sich um Freisein von Leid bei gleichzeitigem Handeln zum Wohle anderer Wesen.

Diese Bedingungen werden detailliert in *Der kostbare Schmuck der Befreiung* von Gampopa als günstige Umstände, die die Bedeutung der kostbaren menschlichen Geburt ausmachen, beschrieben. Jedes Lebewesen hat die Buddha–Natur in sich; es ist jedoch schwierig, den buddhistischen Weg weiter zu praktizieren, wenn eine dieser positiven Bedingungen fehlt. Sogar wenn wir bereits wissen, was gut für uns wäre, und uns wünschen, unseren Geist zu entwickeln, werden wir oftmals durch unsere Begierden, Anhaftungen und Gewohnheiten daran gehindert. Ein Beispiel zum Vergleich: Man bietet Ihnen eine sehr gute Arbeit in einer angenehmen Gegend sowie eine schöne Wohnung an. Sie lehnen dieses Angebot jedoch ab und ziehen es vor, bei Ihrer jetzigen Arbeit zu bleiben, wo viel Druck herrscht und die allgemeinen Lebensbedingungen eher schwierig sind. Sie meinen, dass Sie nicht gehen können, weil Sie nicht bereit sind, das bisher gewohnte Leben loszulassen. Aufgrund Ihres Festhaltens sind Sie also nicht fähig, Ihre Situation zu verbessern. Diese Art von Anhaftung sollten wir besser aufgeben, da wir uns andernfalls selbst behindern.

Das menschliche Leben als wertvoll anzuerkennen, daraus aber keine weiteren Konsequenzen zu ziehen, ist nicht richtig. Wir haben bereits die vielen notwendigen Bedingungen erwähnt, die ein menschliches Dasein kostbar machen. Um im nächsten Leben mit ebenso guten Bedingungen wiedergeboren zu werden, müssen wir jetzt eine Denk– und Handlungsweise entwickeln, die das Verständnis der Mechanismen unseres Geistes bestmöglich vertieft. Das ist die geeignete Methode, um eine bessere Zukunft zu schaffen.

Vielleicht haben Sie gehört, dass es möglich ist, durch die im Dharma verwendeten Methoden in einem einzigen Leben zur Erleuchtung zu gelangen. Das ist wahr, aber damit das geschehen kann, müssen wir die Lehren erlernen, sie verstehen und dann aufrichtig anwenden. Das ist für uns jedoch gar nicht der wichtigste Punkt, sondern es ist die Tatsache, dass jeder von uns die Fähigkeit besitzt, dies zu tun. Ein wiedergeborener Lehrer oder Praktizierender ist nicht an sich jemand Besonderes. Er oder sie hat nur zuvor mit Erfolg praktiziert und ist von daher fähig, im folgenden Leben denselben Weg weiterzugehen. „Weitergehen" bedeutet hier, die bereits erlangten Fähigkeiten nicht zu verlieren.

Meistens halten wir unsere menschliche Existenz für selbstverständlich. Viele Dinge erscheinen uns wichtig, doch versäumen wir es zu erkennen, was auf lange Sicht hin tatsächlich nützlich für uns ist. Wenn unsere Zeit erst zu Ende geht, ist es zu spät. Der Sinn des ersten der Vier Gedanken besteht nicht darin, uns unter Druck zu setzen, sondern uns dazu zu motivieren, in unserem Leben die richtigen Entscheidungen zu treffen. Er bereitet uns auf den Weg vor, indem er uns die Gründe aufzeigt, warum die Dharma–Praxis unerlässlich ist. Wir sind selbst in der Lage zu erkennen, dass die Lebensbedingungen aller fühlenden Wesen von flüchtiger Natur sind. Die buddhistischen Meister der Vergangenheit können uns als Vorbilder dienen, denen wir folgen. Sie haben ihre eigene Zukunft sehr ernst genommen. Sie haben den Wert der Dharma–Praxis erkannt und schritten Leben für Leben bis zur Erleuchtung voran. Wenn wir unsere günstigen Bedingungen nutzen und unsere Praxis in die gleiche Richtung lenken, werden wir dasselbe Resultat erlangen.

Unsere Erwartungen beziehen sich im Allgemeinen entweder auf die nahe oder auf die ferne Zukunft. Ein Praktizierender, der die flüchtige Natur aller Lebensbedingungen bereits erkannt hat, kann sich direkt auf die Langzeitziele ausrichten. Viele Menschen verlieren diese jedoch aus den Augen, da sie schwer zu begreifen sind. Wir müssen uns mehr anstrengen und gründlicher nachdenken, um über das Hier und Jetzt hinausschauen zu können.

Die meisten Menschen sind eher daran interessiert, ihre augenblicklichen Probleme zu lösen und kurzzeitige Ziele zu erreichen. Ihre Probleme beziehen sich zumeist auf ihre Gefühlswelt und auf Beziehungen, was beides niemals ein Ende findet. Wenn ein Problem gelöst ist, taucht sofort das nächste auf. Andere meinen, Frieden dadurch zu erlangen, dass sie Menschen und Emotionen meiden. Sie versuchen in Wirklichkeit jedoch eher zu flüchten als das Problem zu lösen. Tatsächlich gibt es nichts, was abzulehnen wäre. Wir beobachten uns einfach selbst. Vielleicht können wir die Bedeutung des kostbaren menschlichen Lebens erfassen. Das versuchen wir von Zeit zu Zeit auf eine sehr natürliche und spontane Weise. Dadurch werden wir nach und nach klarer. Bevor wir nicht wirklich nachdenken und den tieferen Sinn auf uns selbst anwenden, bleibt die Wahrheit des kostbaren menschlichen Lebens für uns ohne Nutzen.

KONTEMPLATION VON VERGÄNGLICHKEIT

Der zweite der Vier Gedanken legt eine bewusste Betrachtung der Vergänglichkeit des Lebens und aller Dinge nahe. Haben wir uns erst einmal entschieden, dass die Dharma–Praxis wirklich lohnenswert ist, können wir auch die Vergänglichkeit nicht länger ignorieren. Die Zeit hält für niemanden an. Unsere Handlungen und die daraus hervorgehenden Resultate setzen sich endlos fort. Solange wir leben, sollten wir versuchen, die Klarheit unseres Geistes zu steigern. Vergänglichkeit bedeutet auf eine gewisse Weise auch Kontinuität, da nichts gleich bleibt, alles sich verändert und weiterentwickelt.

Eines der ersten Kapitel von *Der Kostbare Schmuck der Befreiung* von Gampopa erklärt den Begriff *Samsara* und die damit zusammenhängenden Bedingungen. *Samsara* ist ein anderes Wort für den Kreislauf der Wiedergeburten. Das bedeutet die Existenz im endlosen Kreislauf von Geburt, Krankheit, Alter und Tod. Während dieser Existenz können wir sowohl Glück als auch Leid erfahren. Jeder Lebenszyklus endet mit dem Tod, woraufhin bald ein neues Leben beginnt. Dieser Kreislauf geht endlos weiter und ist gleichzeitig ohne Anfang. Da wir Leid verabscheuen, wünschen wir uns, davon frei zu sein. Dies wird jedoch erst dann geschehen, wenn wir uns um eine geeignete Lösung oder Praxis bemühen. Gampopa erläutert in seinem Buch die Methoden der Befreiung. Wir verstehen also die Bedingungen des Leids, und dass es einen Ausweg daraus gibt. Aufgrund des Wissens um die Vergänglichkeit wird die Befreiung vom Leid zu unserem Hauptziel. Wir müssen damit aufhören, unsere Zeit zu verschwenden.

Es ist nicht schwierig, das Leid in *Samsara* zu erkennen. Es gibt verschiedene Lösungen und Hilfsmittel, um die unterschiedlichen Lebenssituationen zu meistern. Der Tod jedoch, der die Vergänglichkeit des Lebens schlechthin ist, scheint die größte Herausforderung zu sein. Die Kontemplation der Vergänglichkeit zeigt uns, wie wir dem Tod gewachsen sein können. Wir bereiten uns darauf vor, indem wir die Klarheit des Geistes erlangen.

Im Leben sind wir an Höhen und Tiefen gewöhnt. Manchmal sind bestimmte Situationen für uns schwer zu ertragen, zu anderen Zeiten erscheinen sie uns weniger unerträglich. Wir sehnen uns alle nach einem komfortablen Leben mit gutem Essen und schöner Kleidung und sind bereit, für dieses Ziel zu arbeiten, auch in dem Wissen, dass es sicher einige Hindernisse auf dem Weg geben wird, die uns jedoch nicht aufhalten können. Wir haben keine Angst und finden sogar Wege, diese Hindernisse zu meistern. Das gleiche gilt für unser Ziel, vom Leid befreit zu werden. Entscheidend ist hier, sich nicht mit vorübergehenden Lösungen zu begnügen, sondern einen endgültigen Erfolg anzustreben.

Das kostbare menschliche Leben kann uns einen Nutzen bringen, der weit über das jetzige Leben hinausreicht. Wir würden uns wünschen, im Idealfall immer wieder als Menschen geboren zu werden, die den Dharma bis hin zur Erleuchtung praktizieren. Das Leben bleibt jedoch niemals gleich, nicht einmal für einen Moment. Die Bewegungen des Geistes befinden sich in einem konstanten Fluss. Vergänglichkeit bedeutet, dass die Zeit vorübergeht – jede Stunde, jede Minute und jeder Augenblick. Der stetige Wandel unterliegt auch dem Gesetz von Ursache und Wirkung. Wir müssen diese Vorgänge erkennen; allerdings nicht etwa, damit wir uns sorgen, sondern um diese Einsicht in unsere normale Funktionsweise zu integrieren.

Durch unsere Lebenserfahrung beginnen wir schließlich, die Bedeutung der buddhistischen Belehrungen zu schätzen. Dann versuchen wir, uns schrittweise mittels der Dharma–Praxis zu verbessern. Dieser Prozess kann nicht genug betont werden, da wir zu bestimmten Zeiten nicht zuhören wollen und deshalb auch nicht richtig hören. Schließlich sollten wir darauf achten, diejenigen Handlungen zu vermeiden, die uns zu einer Wiedergeburt in schlechten Bedingungen voller Leid führen.

Der Übergang vom jetzigen zum nächsten

Leben ist ein natürlicher und automatischer Prozess. Nach dem Tod und vor der nächsten Wiedergeburt gibt es einen Zwischenzustand, der *Bardo* genannt wird. Hier erfährt der Geist seine stärksten Tendenzen ohne das Vorhandensein eines Körpers, der dieses Erleben leichter erträglich machen könnte. Dann wird der Geist wiedergeboren, und der Zyklus von Geburt, Wachstum und Sterben beginnt von neuem. Während unserer Lebenszeit erlangte Erfolge in unserer Praxis helfen uns auch im *Bardo* –Zustand. Wenn wir viel praktiziert haben, erkennen wir, dass die Befreiung vom Daseinskreislauf der einzige Ausweg ist.

Befreiung heißt, vom gegenwärtigen Zustand, in dem wir nicht zu einer klaren Sichtweise fähig sind, befreit zu sein. Befreiung führt zu einem klaren Geist, der diese Klarheit während verschiedener Lebensbedingungen ebenso aufrechterhalten kann wie im *Bardo* –Zustand. Diese Klarheit ist nicht schwer zu erlangen, wenn wir den Methoden folgen und uns entsprechend bemühen. Gewiss brauchen wir geeignete Bedingungen; glücklicherweise führt jede Dharma–Praxis zu genau diesen günstigen Bedingungen.

Blicken wir einmal hinter die gewöhnliche Bedeutung von Vergänglichkeit. Es reicht nicht, sich dieser nur bewusst zu sein. Wir müssen sorgfältig über den tieferen Sinn reflektieren, über ihre Bedeutung in unserem Leben und ihre Auswirkung auf unsere Entscheidungen. Wir überprüfen gewissenhaft, wie die Vergänglichkeit unsere täglichen Erfahrungen beeinflusst. Es geht darum, sich der Vergänglichkeit ausgesprochen bewusst zu sein, und zwar ohne Angst, Überraschung oder Ausflüchte. Wir akzeptieren sie als einen normalen Teil unseres Lebens.

Jeden Tag trinken wir Kaffee, ohne dass dies für uns überraschend wäre – es ist schlicht Teil unseres täglichen Lebens. Gleichermaßen ist Vergänglichkeit Teil des Alltags. Schüler an einer Schule setzen das bereits bekannte Unterrichtsmaterial als selbstverständlich voraus. Sie konzentrieren sich darauf und investieren ihre Zeit, noch unbekannte Vorstellungen und Informationen zu studieren und im Gedächtnis zu behalten. Beim Thema Vergänglichkeit ist es jedoch anders. Obwohl wir bereits darum wissen, setzen wir sie nicht als selbstverständlich voraus. Gewiss ist es etwas belastend, sich damit auseinanderzusetzen. Zu Beginn betrachten wir sie deshalb immer nur ein wenig. Schon bald gibt dies unseren Handlungen eine größere Bedeutung und ist von daher sehr nützlich für uns. So gewöhnen wir uns daran, die Vergänglichkeit wahrzunehmen. Wir brauchen uns deshalb nicht anzuspannen, sondern versuchen uns langsam an diese Sichtweise zu gewöhnen, so dass sie eine positive Gewohnheit unseres Geistes wird. Nehmen wir folgendes Beispiel: Die Kleidungsstücke, die wir jeden Tag tragen, sind uns vertraut, und da wir unsere Garderobe kennen, können wir angemessen damit umgehen. Wenn unsere Kleidung schmutzig wird, waschen wir sie. Mit besseren Kleidungsstücken gehen wir sorgfältiger um und setzen uns damit zum Beispiel nicht an einen unsauberen Ort. Die Art, wie wir unsere Kleidung tragen und uns darum kümmern, ist einfach und direkt und nicht sehr kompliziert. Das gleiche gilt für die Gewohnheit, Vergänglichkeit wahrzunehmen. Es handelt sich um Achtsamkeit ohne Unwissenheit, in vollem Bewusstsein der Bedeutung von Vergänglichkeit.

KONTEMPLATION VON KARMA

In der tibetischen Sprache bilden drei Worte den Begriff „Karma". Es handelt sich um *Lä*, *Gyu* und *Dre*: Handlung, Ursache und Wirkung. Im Allgemeinen werden die Begriffe „Karma" und „Ursache und Wirkung" synonym benutzt. Der dritte der Vier Gedanken ist die Kontemplation von Karma. Unser Verständnis vom Karma kann uns dahingehend beeinflussen, dass wir auf eine sinnvollere Weise handeln.

Allgemein gesagt sind die Situationen und Umstände, denen wir begegnen, Resultate der Ursachen, die wir in der Vergangenheit geschaffen haben. Meistens betrachten wir uns jedoch als Opfer der Umstände. Wir wundern uns darüber, warum uns bestimmte Dinge geschehen. Das grundlegende Gesetz von Karma ist, dass jeder Gedanke ein Resultat hervorbringt, ganz gleich, ob er zu einer Handlung führt oder nicht. Wir erkennen jedoch nicht, dass unsere negativen Gedanken negative Auswirkungen nach sich ziehen. Karma entsteht in unserem Geist, unserer Rede und unseren Handlungen. Zu denken, dass nur unsere Handlungen Resultate hervorbringen, ist eine falsche Vorstellung. Gäbe es nicht zuerst einen Gedanken, würde auch keine Rede oder Handlung folgen. Manchmal handeln wir, ohne dass etwas geschieht, während zu anderen Zeiten unsere Handlungen Veränderungen bewirken. In beiden Fällen wird Karma geschaffen, ungeachtet der Tatsache, ob die Handlung Auswirkungen hat oder nicht. Zudem wird in den Belehrungen erklärt, dass das Karma neutral, positiv oder negativ sein kann, entsprechend unserer ursprünglichen Absicht, die auch neutral, positiv oder negativ sein kann. Dies ist das natürliche und unfehlbare Gesetz des Karma – die Wahrheit vom Karma. Es liefert uns einen überzeugenden Grund, auf unsere Gedanken und Absichten achtzugeben.

Wenn wir den Prozess von Ursache und Wirkung verstehen, wissen wir auch, wie wir umsichtig sein können, um negative Handlungen zu vermeiden. Selbst wenn negative Gedanken in unserem Geist auftauchen, können wir uns dafür entscheiden, nicht unter ihren Einfluss zu geraten. Wenn wir in dem Moment, wo wir uns beispielsweise an jemandem rächen wollen, der uns geschadet hat, erkennen können, dass dies nur weitere Ursachen und Wirkungen hervorbringen würde, die irgendwann auf uns zurückfallen können, werden wir von der Rache ablassen. Stattdessen können wir uns dafür entscheiden, den Konflikt durch eine ruhige Diskussion zu lösen, ohne dem anderen Schaden zuzufügen. Manchmal haben wir den Eindruck, wir seien gezwungen, auf negative Weise zu handeln; haben wir jedoch ein Verständnis vom Karma entwickelt, wissen wir, dass es sich lohnt, sich für eine positive Reaktion zu entscheiden. Es ist uns mit Sicherheit möglich, die Gedanken, Emotionen und negativen Gefühle, die im Geist auftauchen, unbeachtet zu lassen und ihnen nicht zu folgen. So hilft uns das Verständnis vom Karma dabei, unsere Handlungen so zu wählen, dass wir unser Leben in eine möglichst positive Richtung lenken. Reagieren wir hingegen ständig nur auf unsere Impulse, schaffen wir weitere negative Bedingungen für unser jetziges Leben und für die Zukunft.

Samsara oder unsere jetzige Existenz ist bereits das Resultat von Karma. Die Resultate von Karma werden auch als die Nachteile von *Samsara* bezeichnet. Wenn wir die Auswirkungen von Karma wirklich begreifen, werden wir von selbst umsichtiger hinsichtlich unserer Absichten. Wir können Karma aber nicht verhindern. Je mehr wir eine Situation zu vermeiden suchen, umso mehr verwickeln wir uns darin, und umso negativer wird sie für uns. Die Art, wie wir mit dem Karma umgehen sollten, ähnelt auf gewisse Weise dem genannten Beispiel des Umgangs mit unserer Kleidung – ohne Furcht, jedoch achtsam und sorgfältig.

Meditationspraxis beinhaltet eine relative Dimension[9], durch die unsere inneren Qualitäten und Bedingungen sich weiterentwickeln, was wiederum unsere positiven Handlungen

---

[9] Die absolute Dimension meditativer Praktiken wirkt sich direkt auf unseren Fortschritt auf dem Weg zur Erleuchtung aus.

oder das Karma verstärkt. Dieser Zuwachs an positivem Karma kann für eine Person im Familienleben, in Beziehungen und anderen Situationen positive Auswirkungen haben. Ebenso gibt es gutes kollektives oder Gruppen–Karma, das beispielsweise durch das Ausführen von Meditationen in einer Gruppe entsteht. Ein Zuwachs an positivem Potenzial bedeutet gleichzeitig eine Verringerung des negativen Potenzials. Von daher sollten wir uns dafür entscheiden, anderen nicht zu schaden und ihnen bei Bedarf zu helfen – kurz gesagt, alles nur Mögliche zu tun, um das Entstehen von negativen Bedingungen zu verhindern.

KONTEMPLATION DES RESULTATS VON KARMA – LEID

Beim Resultat von Karma handelt es sich nicht um ein Urteil oder gar eine Strafe. Es geschieht spontan und ganz natürlich. Unser Denken beruht auf Konzepten; unsere Gedanken und Vorstellungen bestehen aus allgemeinen und abstrakten Konzepten, die eine Schlussfolgerung aus beziehungsweise eine Ableitung von bestimmten Momenten unserer Erfahrung sind. Deshalb sind sie Konstrukte unseres Geistes. Beim Karma ist es anders. Um es zu beschreiben, müssen wir Worte verwenden, und so sprechen wir von einem „Gesetz"; es gibt jedoch dabei niemanden, der ein Urteil über uns verhängen würde. Karma ist eher wie ein Naturgesetz. In der Natur ist etwa Wasser eine zentrale Voraussetzung, damit eine Pflanze wachsen kann, denn ohne Wasser vertrocknet sie. Gleichermaßen ist es auch beim Karma. Jedes geschaffene Karma führt zu einem Resultat, einer bestimmten Bedingung oder Auswirkung. Wenn verschiedene Wirkungen zusammenkommen oder reifen, kommt es zu einem Ergebnis.

Aufgrund von Karma ist unser Geist durch die drei Arten von Schleiern verdunkelt oder getrübt[10]. Wenn wir unsere Gedanken sorgfältig betrachten, erkennen wir, dass sie mit unseren Konzepten, Gewohnheiten und Emotionen verbunden sind. Die Art und Weise, wie Karma funktioniert, gilt für positives und negatives Karma gleichermaßen. Anderen nicht schaden zu wollen, schafft ein bestimmtes Karma, jemandem bewusst schaden zu wollen, wiederum ein davon verschiedenes. In beiden Fällen handelt es sich um Karma, das ungeachtet der Tatsache, ob wir es zu einer entsprechenden Handlung kommen lassen oder nicht, eine Wirkung hat. Handeln wir, wird das Ergebnis dementsprechend ausgeprägter sein.

Die erste Lehrrede Buddhas handelte vom Leiden. Die Wahrheit des Leidens ist die erste der „Vier Wahrheiten der Edlen".[11] Buddha lehrte, dass wir, indem wir die Erleuchtung erlangen, über das Leid hinausgelangen. Momentan sind unsere Bedingungen unbefriedigend. Die Tatsache, dass wir leben, bedeutet, dass wir Leid erfahren. Dieses entsteht aus unserer grundlegenden Anhaftung, wobei der Geist an das Ich

---

[10] Siehe Kapitel 2 für weitere Erklärungen

[11] Die Vier Wahrheiten der Edlen sind die Wahrheit vom Leiden, dem Ursprung des Leidens, der Beendigung des Leidens und dem Weg zur Beendigung des Leidens.

als etwas real Existierendes glaubt. Dies wird auch Ich–Anhaftung genannt, *Daktu Dzinpa* auf Tibetisch. Diese Ich–Anhaftung schafft eine konstante, sehr subtile Form von Leid, die wir hier „grundlegendes Leid" nennen. Allerdings empfinden wir diese Art des Leids zumeist nicht. Ohne Schwierigkeiten empfinden wir gröbere Formen von Leid wie etwa körperlichen Schmerz; die grundlegende Form des Leids nehmen wir jedoch nicht wahr.

Unsere Existenz in *Samsara* ist durch das Festhalten an einem Ich gekennzeichnet. In zahlreichen spirituellen Traditionen ist Leid eine Voraussetzung, um eine Praxis auszuführen. In den buddhistischen Lehren wird jedoch erklärt, dass wir nicht zu leiden brauchen (in der gewöhnlichen Bedeutung des Wortes), um die Erleuchtung oder andere spirituelle Verwirklichungen zu erlangen. Selbst wenn wir eigentlich nicht zu leiden brauchen, ist es trotzdem notwendig, das Leid zu verstehen.

Buddha lehrte, dass die Art des Leidens in den verschiedenen Daseinsbereichen von Samsara unterschiedlich ist. Die Zeichnungen des „Lebensrads"[12] stellen das Leid dar, das die Lebewesen in jedem der sechs Daseinsbereiche erfahren. Menschen und Tiere erleben zum Beispiel unterschiedliches Leid. Wir Menschen haben andere Gefühle und Wahrnehmungen als Tiere, weswegen wir die

---

[12] Es handelt sich um eine bildliche Darstellung von *Samsara*, auf der die sechs Bereiche der bedingten Existenz dargestellt sind: die der Götter, Halbgötter, Menschen, Tiere, hungrigen Geister und die Höllen.

Dinge auch anders erleben. Tiere sind uns relativ nahe, und somit können wir einen gewissen Teil ihres Leids nachvollziehen; dennoch können wir nicht dasselbe erfahren wie sie. Das Gleiche gilt für andere Daseinsbereiche.

Die menschliche Existenz wird durch starke Begierde, verbunden mit anderen Emotionen, charakterisiert. Diese Verdunkelungen unseres Geistes verursachen Leid und dadurch negative Reaktionsmuster, wodurch weitere negative Ursachen geschaffen werden. Der Mechanismus von Karma ist subtil und komplex. Eine Handlung, die auf einem sehr einfachen Konzept beruht, kann zu einer großen Bandbreite von Bedingungen führen, die eine entsprechend große Bandbreite von Resultaten möglich macht. Aufgrund dessen erfahren wir im menschlichen Daseinsbereich so viele verschiedene Arten von Leid. In den Dharma–Belehrungen werden unterschiedliche Handlungen oder Ursachen zusammen mit den entsprechenden Arten von Eindrücken im Geist und den daraus folgenden Zuständen von Leid ausführlich beschrieben.

Gleichzeitig wird erklärt, dass im Menschen aufgrund der grundlegenden Unwissenheit Begierde und Anhaftung besonders stark sind. Wir alle wissen, dass jeder Mensch seinen persönlichen Vorstellungen und Meinungen folgt, ob sie nun richtig oder falsch sind. Wenn eine solche Ansicht direkt zu einer negativen Handlung führt, entsteht daraus Leid. Trotz unserer Bemühungen, bei unseren Taten aufrichtig zu sein, machen wir Fehler aufgrund der Unwissenheit in unserem Geist. Selbst wenn ein Fehler nicht mit Absicht geschieht, wird er unweigerlich zu Leid führen.

Buddhas Rat besteht nun darin, allen fühlenden Wesen gegenüber gleichermaßen Liebe und Mitgefühl zu entwickeln. Diese Einstellung wird auch die erleuchtete Geisteshaltung oder *Bodhicitta*[13] genannt. Diese Geisteshaltung führt dazu, dass der Strom negativer Gedanken geringer wird und die daraus entstehenden negativen Handlungen abnehmen. Gleichzeitig werden dadurch positive Einstellungen und Handlungen gefördert.

Deshalb kann die Dringlichkeit, den Erleuchtungsgeist zu entwickeln, nicht oft genug betont werden. *Bodhicitta* zu entwickeln wird möglich, wenn wir uns für das Leid anderer Wesen öffnen können. Wir entwickeln diese Geisteshaltung, um den Lebewesen, uns selbst eingeschlossen, dabei zu helfen, das Leid zu überwinden. Diese Einstellung ist das Gegenteil der Ich-Anhaftung und bedeutet eine Abwendung von Ichbezogenheit und eine Hinwendung zu den anderen Lebewesen.

---

[13] *Bodhicitta* oder die erleuchtete Geisteshaltung ist der Wunsch, zum Wohle aller Wesen die vollkommene Buddhaschaft zu erlangen. *Bodhicitta* hat zwei Aspekte: den relativen und den absoluten. Beim absoluten Aspekt wird die letztendliche leere Natur des Geistes und der Phänomene erkannt. Der relative Aspekt des Erleuchtungsgeistes manifestiert sich auf zweierlei Art, im Wunsch und in der Anwendung: dem Wunsch nach dem Wohlergehen aller Wesen ohne Ausnahme und dem altruistischen Umsetzen dieses Wunsches durch entsprechende Handlungen.

Haben wir die Ursachen und Auswirkungen von Leid einmal verstanden, schätzen wir die Bedeutung des buddhistischen Weges und bemühen uns von ganzem Herzen, diesen zu praktizieren.

ABSCHLIESSENDE BEMERKUNGEN ZU DEN VIER GEDANKEN

Um die Grundlagen der Dharma–Praxis vorzubereiten und aufzubauen, sollten wir also so oft wie möglich Achtsamkeit üben bezüglich unserer Gedanken, unserer Rede und unserer Handlungen. Diese Bewusstheit üben wir in unserer formellen Praxis ebenso wie bei alltäglichen Aktivitäten. Auf diese Weise werden wir schließlich unser Ziel erreichen. Achtsam zu sein heißt bewusst zu sein. Die Vier Gedanken werden als Vorbereitungen angesehen, was in diesem Zusammenhang aber nicht eine Vorbedingung bedeutet in dem Sinne, dass wir eine Etappe beenden müssen, bevor wir die nächste beginnen. Eher ist damit gemeint, dass für ein Verständnis des nächsten Schrittes der vorhergehende äußerst wichtig ist. Durch ein Reflektieren und Erinnern der Vier Gedanken können wir unsere Dharma–Praxis mit den Situationen des täglichen Lebens in Zusammenhang bringen. Gleichzeitig entwickeln wir die richtige Motivation. So schützen wir uns vor negativen Gedanken und Taten.

Jeder von uns ist mit seiner Arbeit und dem Leben in der Familie beschäftigt, doch können wir uns individuell dafür entscheiden, bis zu

welchem Grad wir uns dem Dharma verpflich-
ten. Das Ziel der Reflektion der Vier Gedanken
besteht darin, uns daran zu erinnern, mit unserem Leben gut umzugehen und nicht unter den
Einfluss negativer Denkweisen zu geraten.
Wenn wir die Lebensbedingungen der fühlenden Wesen wirklich erfassen, entwickeln wir
ihnen gegenüber Liebe und Mitgefühl. Zwar erheben sich ständig negative Gedanken im Geist;
ein Erinnern der Vier Gedanken wird jedoch
verhindern, dass wir völlig in diesen gefangen
sind. Gleichzeitig wirkt die Reflexion der Vier
Gedanken als positives Gegenmittel gegen die
grundlegende Unwissenheit.

Die Anwendung von Liebe und Mitgefühl
bedeutet, anderen entsprechend unserer persönlichen Fähigkeiten zu helfen und sie zu unterstützen. Wir werden dabei bemerken, dass
wir manchmal helfen können und manchmal
nicht. Gelegentlich ist unsere Hilfe auch nicht
willkommen und es hat dann keinen Sinn, es zu
versuchen. Anderen helfen zu können verlangt
auch ein gewisses Training, und am Anfang ähnelt dies eher einer Übung. Wenn wir Zeuge
des Leidens anderer Lebewesen sind und nicht
direkt helfen können, können wir trotzdem
Wünsche formulieren, dass ihre Situation sich
verbessern möge. Wir können nicht die ganze
Welt retten, unser Geist jedoch kann sich auf
eine Verringerung des Leidens aller Lebewesen
ausrichten.

Die erleuchtete Geisteshaltung und ihre Praxis

Bodhicitta bedeutet, bei allem was wir denken, sagen und tun eine altruistische Motivation zu haben. Wir vermeiden es, ausschließlich an uns selbst und nicht an andere zu denken. Wir bemühen uns, vom Leid aller Lebewesen aufrichtig berührt zu sein, und wünschen ihnen Glück und Freisein von Leid. Bei *Bodhicitta* handelt es sich nicht nur um eine Idee, sondern um etwas sehr Tiefgründiges.

Wir beginnen damit, uns anderen gegenüber ein wenig mehr zu öffnen, denn ist unser Geist offen, sind wir auch in der Lage, uns um andere zu kümmern. Wir denken eher an die anderen, beginnen mehr mit ihnen zu teilen, und schließlich können wir ihnen von Nutzen sein. Dies ist ein durch fortschreitende Übung und Praxis erlernbarer Prozess. Wenn wir unsere Handlungen mit der erleuchteten Geisteshaltung ausführen können, zeigt uns das, dass unsere

Praxis sich verbessert, und dass wir selbst uns entwickeln. Es fällt uns zunehmend leichter und erscheint uns immer natürlicher, alles Gute mit anderen zu teilen.

In allen buddhistischen Belehrungen wird dieser zentrale Punkt betont: die erleuchtete Geisteshaltung hervorzubringen, unseren Geist zu öffnen. Hierbei spielt es keine Rolle, dass unser Geist zur Zeit noch nicht vollkommen offen ist oder wir nicht alles für andere tun können. Es geht darum, hier und jetzt anzufangen, so wie wir sind. Wir versuchen uns mit der uns innewohnenden Fähigkeit zur Öffnung zu verbinden, ganz gleich wie groß sie derzeit ist. Wir bemühen uns, so gut wie möglich das zu tun, was bereits in unserer Reichweite liegt. Das ist ein wichtiger Punkt. Wenn wir uns selbst ein wenig öffnen können, entdecken wir eine grundlegende Qualität in uns, die sich nach und nach ausbreiten und entwickeln wird. Im Augenblick sind wir aufgrund unserer Unwissenheit noch von Stolz, Gier und anderen negativen Gefühlen erfüllt. Unter deren Einfluss streben wir in erster Linie danach, nur besonders Großartiges zu tun. Erkennen wir dann aber unsere Unfähigkeit dazu, verlieren wir möglicherweise das Vertrauen in uns. Aus diesem Grunde ist es wichtig zu verstehen, dass wir bezüglich unserer Hilfsbereitschaft noch nicht auf einer bestimmten Ebene sein müssen. Stattdessen tun wir, so viel wir können, gemäß unseren eigenen Fähigkeiten. Das ist das Hervorbringen von *Bodhicitta*.

Als nächstes betrachten wir die Praxis des

Geistestrainings, *Lojong*, eine Praxis von *Bodhicitta*. *Lojong* bedeutet, anstelle der Verdunkelung des Geistes, die aus unseren Gewohnheiten, Konzepten und negativen Emotionen besteht, eine positive Motivation und Einstellung hervorzubringen. *Lojong* ist das Gegenteil von allem, was wir gewohnt sind. Diese positive Einstellung ist ein Zustand, den wir in unserem Geist aufrechterhalten, bis er mit der Zeit nach und nach auch spontan in unseren Gedanken und Handlungen auftritt.

Lojong führt zu zwei Arten von Resultaten: zu einer Abnahme negativer Gedanken und Handlungen und, von größerer Bedeutung, zur Möglichkeit, im nächsten Leben eine günstigere Wiedergeburt anzunehmen. Nach dem Tod, im Zwischenzustand (*Bardo* auf Tibetisch), ist der Geist des Verstorbenen für gewöhnlich noch stark mit den zu Lebzeiten entstandenen Neigungen verbunden. Diese Neigungen werden nach dem Tod spontan freigesetzt, wobei jeweils eine mit der anderen verbunden ist. Die Erfahrungen im *Bardo* ähneln sehr denen des Traumzustands, und man hat im *Bardo* nicht mehr Kontrolle darüber als beim Träumen. Jeder Fortschritt, der während des Lebens in der Meditation erlangt wurde, kann im *Bardo* jedoch von großem Nutzen sein. Dies stellt tatsächlich eine der zahlreichen Anwendungen meditativer Verwirklichung dar. Wenn man einschläft, verliert man kurz vor dem Schlaf für einen Moment vollständig die Bewusstheit. Der Geist ist da, ist jedoch völlig abgekoppelt. Selbst wenn man versucht, den Übergang vom Wachzustand in den

Schlaf zu beobachten, verliert man sich darin und gleitet ohne Bewusstheit in den Schlaf hinüber. Nach einer Weile beginnt man dann zu träumen. Während des Schlafes sind wir physisch lebendig. Der Zustand der Unbewusstheit dabei wird jedoch als ein Mangel an Verwirklichung angesehen, als Unfähigkeit, selbst zu erkennen, was mit uns geschieht. Gelingt es uns jedoch, ohne Unwissenheit durch diesen Prozess zu gehen, können wir den Ablauf des Schlafes sehen: wie wir langsam einschlafen und der Traumzustand beginnt. Dann ist das Träumen auch keine Überraschung mehr, und man erkennt den Traum einfach als einen weiteren Geisteszustand. Hat man diese Fähigkeit aufgrund des Meditationstrainings erlangt, dann, so wird gesagt, erkennt der Geist selbst, was gerade geschieht.

Auch ein nicht verwirklichter Geist kann positive Neigungen aufweisen. Die *Lojong*–Praxis[14] kann solche günstigen Auswirkungen haben. Der Geist des Praktizierenden kommt in einen positiven Zustand und eine Grundhaltung, bei der er am Wohlergehen der fühlenden Wesen Anteil nimmt. Dies führt zu einem offeneren Geist, der nicht von negativen Emotionen aufgewühlt und von daher flexibler ist, und der sich eher um das Wohl der anderen sorgt.

Wir alle nehmen das Leid um uns herum wahr. Selbst wenn wir es nicht mit unseren ei-

---

[14] Shamar Rinpoche, *Lojong – der buddhistische Weg zu Mitgefühl und Weisheit.* Anleitungen zum Mahayana–Geistestraining. Joy–Verlag, 2010.

genen Augen in unserer direkten Umgebung sehen, wissen wir um das Leid zahlreicher Menschen in vielen Teilen der Welt. Ebenso kennen wir die Qualen von Tieren, welche recht offensichtlich sind. Zu Beginn der Praxis fühlen wir uns vom Leid anderer einfach betroffen. Mit der Zeit verwandelt sich diese Betroffenheit nach und nach in Liebe und Mitgefühl. Das bedeutet, dass wir unser Bewusstsein mit Liebe und Mitgefühl anderen fühlenden Wesen gegenüber verbinden. Um diese Verbindung zu entwickeln, praktizieren wir das Geistestraining. Unsere Motivation sollte nicht auf Furcht gründen, auf einer Abneigung dem Leid gegenüber oder dem Bedürfnis, nur für uns selbst einen Ausweg zu finden. Wir werden stattdessen von unserer Sorge um alle fühlenden Wesen motiviert. Am Anfang sind unsere Sorge und Anteilnahme vielleicht nur ein Gedanke, der sich aber mit der Zeit, wenn wir mehr Erkenntnis gewinnen, zu einer Geistesgewohnheit entwickeln wird. Dann werden wir auch die genaue Bedeutung von *Bodhicitta* verstehen.

Denken wir etwa an das Fernsehen; dort sind wir Zeuge von viel Leiden und empfinden auch ein gewisses Mitleid mit den betroffenen Menschen. Dieses Mitleid angesichts ihrer schlimmen Lage ist jedoch nur ein Gedanke, und wir haben kein starkes Mitgefühl. Würde sich das Unglück jedoch vor unseren Augen abspielen, wäre es anders und wir wären gefühlsmäßig wesentlich stärker betroffen. Unser Interesse am Wohlergehen anderer beginnt zunächst mit einer Vorstellung. Schrittweise bemühen wir

uns um mehr Klarheit, bis wir die echte Für-
sorge anderen gegenüber zutiefst verstehen. Wir
nehmen Anteil, ohne zu urteilen. Wir wissen,
dass bei jedem fühlenden Wesen Unwissenheit
die grundlegende Ursache des Leids ist, da der
Geist aufgrund dessen von den drei Schleiern
verdunkelt ist. Wir wissen, dass wir die Bedingungen für unser Leid selbst schaffen, sobald wir
auf der Grundlage unserer negativen Neigungen
handeln. Uns ist klar, dass wir alle ohne Ausnahme hilflos diesen Bedingungen unterliegen.
Deshalb sorgen wir uns um jeden einzelnen genauso wie um uns selbst. Dieses grundlegende
Prinzip müssen wir verstehen, bevor wir uns auf
irgendeine Praxis von Geistestraining einlassen.
Wir sollten uns selbst prüfen, um sicherzuge-
hen, dass unsere Motivation ehrlich ist. Manch
einer könnte andere Gründe für die Praxis des
Geistestrainings haben, und für ihn ist diese Praxis dann nichts als eine rein technische mentale
Übung.

Normalerweise sind bei all unseren Unter-
nehmungen die Resultate für uns von hohem
Wert und großer Bedeutung. Die Methoden
und Mittel, um diese Resultate zu erlangen, halten wir jedoch nicht für weiter wichtig. Nehmen
wir an, wir wollen einen Tisch herstellen. Wir
denken nicht über die Werkzeuge nach, sondern unser Hauptinteresse gilt dem Endergeb-
nis, einem Tisch. Ist der Tisch fertig, werden die
Werkzeuge beiseite geräumt und spielen keine
große Rolle mehr. Dharma-Praxis ist jedoch völlig anders. Die verschiedenen Bedingungen, die
wir entlang unseres Weges antreffen, sind äu-

ßerst wichtig. Das Hervorbringen von Liebe und Mitgefühl ist eine entscheidende Bedingung vom Anfang unseres Weges bis zu dessen Ende. Wir beginnen unsere tägliche Praxis mit dem Hervorbringen eines Gefühls von Anteilnahme hinsichtlich aller fühlenden Wesen, indem wir für sie beten. Unsere Praxis wird ebenfalls durch Gebete oder gute Wünsche beendet. Wir beten für günstige Umstände, die allen Lebewesen Nutzen bringen.

Wenn wir Wunschgebete sprechen, versuchen wir unseren Geist mit den rezitierten Worten in Einklang zu bringen. Es ist üblich, vor jeder Belehrung einige Gebete zu sprechen. Auch individuell beten wir und formulieren Wünsche für das eigene Wohlergehen und das der anderen sowie für alles, was wir tun wollen. Durch Gebete werden unsere Wünsche zu einer geistigen Gewohnheit. Gebete sind nicht etwa dafür da, den Geist zu beruhigen. Zuerst formulieren wir Wünsche und Gebete, hören dann den Belehrungen zu, um anschließend das zu praktizieren und anzuwenden, was wir gelernt haben. Schließlich denken, sprechen und handeln wir in Übereinstimmung mit unseren Wünschen. So vollzieht sich dieser Prozess, und unsere ganze Seinsweise ist dadurch mit den Wünschen in unseren Gebeten verbunden. Das ist der Grund, warum wir immer aufrichtig beten, nämlich um korrekt ausgerichtet zu sein.

Hier ein grundlegendes Wunschgebet, das von vielen Praktizierenden täglich rezitiert wird: *„Mögen alle Wesen Glück und dessen Ursachen erfahren,*

Mögen sie frei sein von Leid und dessen Ursachen,
Mögen sie niemals vom höchsten, leidfreien Glück getrennt sein,
Mögen sie in grenzenlosem Gleichmut verweilen, ohne Anhaftung oder Ablehnung derer, die nah oder fern sind."

In den ersten beiden Zeilen des Gebets wünschen wir allen Wesen, dass sie Glück und die Ursachen von Glück erfahren. Wir wünschen ihnen, frei von Leid und den Ursachen des Leids zu sein. Diese „Ursachen" entstehen aus dem Karma, den Handlungen und ihren Resultaten. Das gilt für alle, auch für denjenigen, der dieses Gebet spricht. Unsere Wünsche beziehen sich auf die relative Ebene, die Welt der Manifestationen, in der wir leben. Unser letztendlicher Wunsch besteht darin, dass alle Wesen ihren Geist verwirklichen und dadurch von *Samsara* befreit werden. Dieses grundlegende Gebet sollte jeder formellen Praxis, die wir ausführen, vorangehen. Es handelt sich hierbei nicht nur um eine Methode, sondern es ist *Lojong*, Geistestraining. Wir bemühen uns in unseren Herzen ehrlich darum, eine großzügige Einstellung zu entwickeln. Sonst sind das Gebet und unsere Praxis nur leere Worte. Gleichzeitig sollten wir uns nicht dazu verpflichtet fühlen, ein solches Gebet zu sprechen. Wir sollten wirklich über unseren Wunsch für alle Wesen nachdenken, bis er aufrichtig, natürlich und positiv ausgerichtet ist.

Die dritte Zeile des Gebets drückt unseren Wunsch aus, dass die Lebewesen niemals von einem Zustand echter Freude, der leidfrei ist, getrennt sein mögen. Dies bringt uns selbst einen von Gleichmut erfüllten Geist, wie in der vierten Zeile beschrieben, den daraus resultierenden Buddha–Zustand. Gleichmut ist sehr schwer zu verstehen und kann leicht missverstanden werden. Er bezeichnet einen Geisteszustand, bei dem nicht zwischen dem Selbst und anderen unterschieden wird. Im Geist herrscht große Klarheit, und er ist frei von allen Störungen, wie der Geist eines Buddha. Ein von echter Freude nicht getrennter Geist ist nicht abgelenkt und von daher von jeglicher Anhaftung befreit. Ein abgelenkter Geist kennt keinen Frieden. Wir wünschen jedem Lebewesen, diese authentische Freude zu erlangen, zu verwirklichen. Die Verwirklichung des erwachten Geistes ist das Erlangen eines Geisteszustandes, der frei von Leid ist, was gleichzeitig bedeutet, dass er frei von Unwissenheit ist.

Theoretisch stimmt wohl jeder der Tatsache zu, dass Liebe und Mitgefühl positive Eigenschaften sind, und dass diese zu entwickeln für uns von Vorteil ist. Es kann jedoch lange dauern, bis wir tatsächliche Ergebnisse selbst erkennen können. Das gleiche gilt für schlechte Eigenschaften, Ursache für negative Emotionen.

Um unsere Emotionen zu verstehen, beginnen wir damit, ruhiger zu werden, während wir versuchen zu erkennen, welche Verknüpfungen zwischen unseren Beweggründen, unseren Erwartungen und Emotionen bestehen. Während der vielen verschiedenen Geschehnisse unseres täglichen Lebens können wir die Funktionsweise unserer Emotionen gut untersuchen. Wir versuchen die Umstände auszumachen, in denen sie sich zeigen, und zu erkennen, auf welche Weise sie uns reagieren lassen. Das führt dazu, dass wir erkennen, wie unser Geist mit und wie er ohne Emotionen funktioniert. Dieselbe Vorgehensweise kann bei jeder Störung des Geistes angewendet werden. Wir versuchen, uns der mit der Störung einhergehenden Umstände bewusst zu werden, wie diese entsteht und welche Auswirkungen sie auf uns hat. Wir könnten etwa bemerken, dass wir zornig werden, sobald eine Erwartung sich nicht erfüllt. Hier sollten wir uns die Zeit nehmen, ruhig zu werden und genau hinzuschauen. Auf diese Art und Weise werden wir eines Tages die Ursachen für unser Leid verstehen. Gleichzeitig begreifen wir, dass es bei den anderen genauso ist. Erkennen wir diese Gleichheit, diese Ebenbürtigkeit aller fühlenden Wesen hinsichtlich der Gebundenheit an ihre Umstände, werden wir verstehen, was Gleichmut ist. Gleichmut ist also eine Folge des Wissens um die Funktionsweise des eigenen Geistes.

In den buddhistischen Belehrungen wird erklärt, dass alle Emotionen und Störungen des Geistes aus der Ichanhaftung entstehen. Durch die Dharma–Praxis versuchen wir, von dieser Anhaftung an das „Ich" frei zu werden. In gewisser Weise können wir allerdings gar nicht vom „Freisein" vom „Ich" sprechen, da dies gar nicht wirklich existiert. Es gibt kein „Ich". Wir können jedoch theoretisch das Greifen nach einem Ich etwas lockern, indem wir verstehen, wie der Geist funktioniert. Sind wir in der Lage, mit negativen Emotionen und Neigungen zu arbeiten, ist das Befreiung. Befreiung bedeutet, die Anhaftung zu lösen. Es klingt einfach, wenn wir sagen: „Lass los." Wenn wir es versuchen, ist es jedoch überhaupt nicht leicht, da unsere Ichanhaftung sehr stark ist. Auch Angst spielt eine Rolle, da wir dieser Anhaftung an unsere eigene Person geradezu verfallen sind. Eine Sucht aufzugeben kann beängstigend sein. Um befreit zu werden, ist es deshalb notwendig zu verstehen, wie die störenden Geisteszustände tatsächlich ablaufen, wie sie auftauchen und welche Wirkung sie auf uns haben. Dies zu entdecken ist ein langsamer und stufenweiser Prozess.

Wir sind sehr an eine bestimmte Seinsweise gewöhnt, und wir halten uns für normal und gut. Im Augenblick wird unser Geist von Gedanken gelenkt wie: „Ich sollte dies tun", oder „Jenes sollte ich nicht tun", oder „Das ist gut, und jenes ist schlecht." Schauen wir gründlicher hin, können wir weitere Vorstellungen erkennen. Eine tiefgründige Reflektion ist nötig, um zu verstehen, was der Antrieb für unsere Taten und unsere Seinsweise ist. Es ist es wichtig, unsere gewohnheitsmäßigen Neigungen und inneren Einstellungen zu sehen, damit wir uns selbst besser kennen lernen. Resultate können dabei nicht erzwungen werden, und so schreiten wir Tag für Tag ein wenig voran.

Wenn wir mit Schwierigkeiten konfrontiert werden, sollten wir eher betrachten, wie wir diese erfahren, anstatt nur zu wünschen, dass die Schwierigkeiten verschwinden mögen, was natürlich durchaus normal ist. Hören wir beispielsweise in den Nachrichten, dass jemand irgendwo angegriffen wurde, fühlen wir uns etwas alarmiert, machen dann aber so weiter wie bisher. Wir sind schlechten Nachrichten gegenüber inzwischen oft unsensibel geworden und betrachten sie einfach als alltägliche Ereignisse, wobei sich eine gewisse Apathie entwickelt hat. Es geht jedoch darum, dass wir auch dann, wenn uns etwas eher gleichgültig ist, noch versuchen, bewusst zu sein und zu verstehen, was gerade geschieht. Nehmen wir als Beispiel das Angeln. Bei uns ist Angeln als Sport anerkannt. Obwohl wir wissen, dass wir die Fische dabei verletzen, denken wir meist nicht darüber nach. Es besteht keinerlei Bewusstheit. Wären wir achtsam, würden wir das Leiden der Fische berücksichtigen. Wir würden zudem verstehen, dass wir die Ursache für zukünftiges Leid legen. Die negativen Auswirkungen des Tötens von Fischen werden mit Sicherheit eines Tages zur Reife kommen, wenn nicht sogar sofort, und sie werden leidvoll sein. Leid ist für uns offensichtlich, wenn es sich etwa um physischen Schmerz handelt. Aber Karma als Ursache für Leid kann nicht ohne weiteres wahrgenommen werden und bleibt deshalb zumeist unbemerkt. Selbst wenn wir doch einmal erkennen, dass etwas nicht richtig ist, tun wir es in den meisten Fällen als Teil des normalen täglichen Lebens ab. Wir sollten uns dieser Neigung bewusst sein.

Zuerst versuchen wir, unsere eigenen inneren und äußeren Lebensumstände sorgfältiger zu überdenken. Dann beobachten wir aufmerk-

sam die anderen und ihre Handlungen, betrachten die Auswirkungen und den wechselseitigen
Einfluss ihrer Taten. Dies ermöglicht uns, die
Dinge anders als gewöhnlich zu sehen. Das
kann gelegentlich unangenehm oder beunruhi-
gend sein, aber es ist nicht das Betrachten an
sich, das uns beunruhigt. Wir begegnen nur den
Bedingungen von *Samsara* und vom Karma, wie
sie tatsächlich sind. Je deutlicher wir diese erkennen, desto weniger können uns unsere
schlechten Eigenschaften (die auf der Unwissenheit beruhen) beeinflussen. Im Gegenzug schaffen wir uns etwas Raum, der es uns ermöglicht
zu sehen, dass es einen anderen Weg gibt. Wir
können dann allen Wesen wünschen, dass sich
ihre Bedingungen verbessern mögen. Dies ist
tatsächlich eine Möglichkeit des Geistestrainings
oder der Praxis.

Zu Beginn unserer Praxis hoffen wir natürlich auf inneren Frieden. Wir wollen uns gut
fühlen, bemerken aber, dass wir durch viele Geschehnisse auf gewisse Weise gestört werden.
Hier sollten wir wieder über das Karma nachdenken und über die Bedeutung von Ursache
und Wirkung. Wir werden dann verstehen, dass
wir nur durch positive Einstellungen und Handlungen gute Resultate erlangen. Im Allgemeinen
empfinden wir Freude, wenn jemand das Richtige tut. Die positiven Verhaltensweisen anderer
berühren uns. Manchmal empfinden wir Dank-
barkeit, dann wieder werden wir dazu angeregt,
die fürsorglichen oder verantwortungsvollen
Verhaltensweisen anderer zu erwidern. Deshalb
ist die Freude über die guten Taten anderer eine

Haltung, die bei der Praxis des Geistestrainings sehr empfohlen wird. Ein Geist, der sich an den Verdiensten anderer erfreut, ist geneigt, sich für deren Wohlergehen einzusetzen.

Negative Handlungen oder Erfahrungen sollten nicht als schlecht abgetan werden, da sie die Möglichkeit in sich tragen, uns auf den Weg des Erleuchtungsgeistes zu bringen – vorausgesetzt, wir können sehen und verstehen, wie sie mit der Funktionsweise unseres Geistes in Verbindung stehen. Wann immer wir mit unangenehmen Geschehnissen konfrontiert sind, ist es nicht empfehlenswert, die Kontrolle zu verlieren und so zu handeln, wie es uns gerade gefällt. Wir sollten nicht angreifen, uns beschweren oder frustriert und zornig werden. Stattdessen schauen wir besser nach innen und versuchen unsere Reaktion zu verstehen. Warum empfinden wir solch starke Abneigung? In der Art, wie wir uns anderen gegenüber benehmen oder mit ihnen kommunizieren, versuchen wir Antworten über uns selbst zu finden. Warum fühlen wir uns immer so gestört oder verletzt? Wir können unser Unbehagen aber auch nicht einfach leugnen, indem wir behaupten, es sei alles in Ordnung und es gäbe kein Problem, und dann einfach versuchen loszulassen. In genau dem Moment, in dem wir unglücklich sind, sollten wir die Gelegenheit ergreifen, alle Aspekte der Situation zu betrachten. Wir nutzen die Situation also als Hilfsmittel für ein tieferes Verständnis unserer Gefühle und Einstellungen. Dies ist ebenfalls eine Form des Geistestrainings, die unser Verständnis der Bedingungen von *Samsara* begünstigt.

Wann immer wir den Erleuchtungsgeist in unseren Gedanken und unserer Motivation hervorbringen, positiv handeln oder eine formelle Dharma–Praxis ausführen, sammeln wir positives Potenzial oder Verdienste an. Entsprechend unserer ursprünglichen Absicht, anderen Wesen zu helfen, ist es für uns nur natürlich zu wünschen, dass unsere Verdienste und alle positiven Resultate diesen Wesen wiederum zugute kommen. Das ist die Bedeutung der Widmung unserer positiven Verdienste zum Wohle der fühlenden Wesen. Der Nutzen der Widmung ist zweifach: sie verringert unsere Ich–Anhaftung, und sie richtet unseren Geist auf andere aus.

Oftmals machen wir uns selbst Druck, perfekt zu sein, und führen einen inneren Dialog wie etwa: „Ich muss dieses tun, jenes habe ich nicht gut gemacht, ich kann das nicht, es ist zu schwierig." Solchen Gefühlen sollten wir nicht folgen, sondern in unserem täglichen Leben unseren Fähigkeiten entsprechend handeln, ohne uns übermäßigem Druck, einer Pflicht oder der Macht der Gewohnheit zu unterwerfen. Gewohnheitsmäßige Neigungen sind nicht an sich schlecht, sie hindern uns nur daran, spontan zu sein (ohne gleich impulsiv zu sein).

Zunächst tun wir, was wir können, wann immer sich die Gelegenheit bietet. Wir versuchen die Bedeutung unserer Gedanken und Handlungen zu verstehen. Auch nehmen wir uns die Zeit, gründlich darüber zu reflektieren, wie sich die buddhistischen Lehren auf uns selbst anwenden lassen. Ohne eine sorgfältige eigene Einschätzung der Gültigkeit dieser Leh-

ren könnte es passieren, dass wir uns nur verpflichtet fühlen zu tun, was man uns gesagt hat.
Ohne Verständnis bleiben wir in unseren üblichen Bahnen und werden uns nicht verändern.
Möglicherweise hegen wir ein paar gute Wünsche für andere, was einen gewissen Nutzen hat.
Der wahre Wert der Belehrungen bleibt uns
aber versagt. Beginnen Sie zu untersuchen, ob
die Dharmabelehrungen Ihnen dabei helfen
können, die Geschehnisse in Ihrem Alltag zu begreifen. Sie werden bemerken, dass Sie der Bedeutung immer näher kommen, je häufiger Sie
auf diese Weise vorgehen. Der Sinn wird klarer,
je mehr Sie analysieren, und der Weg wird einfacher. Wir sollten die Belehrungen nicht ablehnen oder ignorieren, indem wir sie als zu
schwierig oder gar als unmöglich abstempeln.
Eine solche Einstellung ist ein Hindernis. Eines
Tages werden Sie ganz von selbst erkennen, was
die Lehren für Sie bedeuten. Gleichzeitig werden Sie verstehen, was für alle nützlich ist. Dann
werden Sie anderen ganz spontan helfen können.

ZUSÄTZLICHE ERLÄUTERUNGEN

Hier ist der Hinweis angebracht, dass die Anwendung der erleuchteten Geisteshaltung und
der Versuch, anderen zu helfen, nicht bedeutet,
absichtlich zu jedem hinzugehen, um zu sehen,
wie wir helfen können. Wir sollten nicht denken, dass wir die wahre Botschaft verbreiten
oder anderen unbedingt helfen müssten. Dies
wäre tatsächlich nur das Festhalten an einer Vor-

stellung. Wieder ist die Vorstellung nicht so entscheidend wie die zugrundeliegende Bedeutung.
Die Bedeutung ist eine echte Wahrheit, die
einen anderen Weg aufzeigt, verschieden von
unserer üblichen Art zu denken, zu handeln und
zu sein. Dieser Weg steht uns offen.

Wir können uns und unsere Persönlichkeit
völlig mit unserer Arbeit, unserer Rolle in der
Familie oder unserem sozialen Status identifizieren. Aufgrund einer bestimmten Position
etwa als Autorität in einer Organisation stellen
wir etwas dar. Wenn wir unser Ich mit einer der-
artigen Rolle gänzlich identifizieren, haben wir
aus den Augen verloren, wer wir in Wirklichkeit
sind. Durch eine Untersuchung und anschlie-
ßende Anwendung der Belehrungen können wir
viele unserer Fragen und Zweifel bezüglich unserer Haltungen und Handlungen klären, und
alles wird sich von selbst ordnen. Wenn wir mit
den buddhistischen Lehren in Kontakt kommen, ähnelt unser Weg dem Ersteigen eines Berges. Wir wissen, dass die Aussicht vom Gipfel
sehr klar ist und wir alles sehen werden. Da wir
uns aber am Fuß des Berges befinden, ist unsere
gegenwärtige Aussicht beschränkt oder bruch-
stückhaft. Während wir den Berg hinaufsteigen,
wird unsere Sicht immer umfassender. Je mehr
wir unser Verständnis anwenden und umsetzen,
desto klarer wird unser Geist. Wenn wir klar
sehen, wissen wir auch, wie wir helfen können.
Die Frage, wie wir helfen können, wird so eher
zur Frage, wie wir Klarheit hinsichtlich unserer
eigenen Bedingungen und der Bedingungen um
uns herum entwickeln können. Erst dann kön-

nen wir auf natürliche Weise hilfreich für andere sein.

Wenn wir dazu fähig werden, unseren Geist zunehmend mit der rechten Motivation, die auf *Bodhicitta* gründet, zu durchdringen, können wir wirklich damit arbeiten. Auf völlig natürliche Weise werden unsere Einstellung, unsere Rede und unsere Handlungen angemessener und authentischer. Andernfalls ist und bleibt der Erleuchtungsgeist nur eine gute Idee und wird in unserem Leben keine weitere Wirkung haben. Dies ist in unserem Alltag sichtbar, wenn wir mit der Familie oder Freunden zu tun haben. Wir bemerken, wie jeder sein Bestes versucht, die Dinge aber trotzdem nicht wirklich gut laufen. Etwas fehlt. Deshalb gibt es so viel Verwirrung und Komplikationen zwischen den Menschen. Gute Absichten, einen guten Willen zu haben ist nicht ausreichend. Ohne einen klaren Blick können wir überhaupt nicht wissen, was gebraucht wird und was wirklich hilfreich ist. Deshalb müssen wir zuerst die eigene Sicht klären, und erst dann wissen wir, was für andere wichtig und nützlich wäre.

Wir alle neigen dazu, andere als Vorbild zu nehmen, indem wir uns beispielsweise der Mode entsprechend und in den angesagten Farben kleiden. Dies geschieht fast schon aus Gewohnheit. Oder wir sind von bestimmten Personen beeindruckt und versuchen diese nachzuahmen. Niemals verschwenden wir einen Gedanken an die inneren Qualitäten dieses Menschen, sondern folgen seinem Beispiel auf ganz oberflächliche Weise. Das heißt nun aber nicht, dass es falsch wäre, ein Vorbild zu imitieren. Folgen wir dem buddhistischen Weg, werden wir dazu ermutigt, einer Ethik gemäß und angemessen zu handeln, um dadurch die Ursachen für Leid zu verhindern. Hier sollten wir noch tiefer eindringen und untersuchen, welchem Weg wir eigentlich genau folgen. Wir entdecken so, dass es eine Möglichkeit gibt, mehr Klarheit zu erlangen und uns von den Bedingungen von *Samsara* zu befreien. Nach und nach wird dieses Verständnis zunehmen und wir können auf eine tiefere Ebene gelangen. Nur dann können wir uns wirklich verändern. Dabei ist keine Eile nötig, denn es wäre nicht angebracht, sich zu beeilen, um möglichst schnell zu Resultaten zu gelangen. Wir sollten wissen, dass ein wirklicher Wandel Zeit braucht.

Die Umstände, in denen wir uns befinden, werden als Illusion bezeichnet. Dieses Wort ist jedoch nicht leicht zu verstehen. Es bedeutet, dass wir völlig in unserer oberflächlichen Sichtweise befangen sind. Es ist uns unmöglich, tiefer zu sehen. Das ist so, wie wenn wir beim Verspeisen eines Gerichts nur die Gewürze schmecken, und deshalb Geschmacksrichtungen wie salzig, süß oder sauer unseren Geschmackssinn beherrschen. Infolgedessen können wir den natürlichen, puren Geschmack des Gemüses nicht wahrnehmen. Richten wir unsere Achtsamkeit jedoch darauf, was hinter all der Würze liegt, werden wir bemerken, dass jedes Gemüse einen einzigartigen Geschmack und eine besondere Beschaffenheit hat. Dies ist nur ein Beispiel. Auf ähnliche Weise hindert uns das Gefangensein in

73

unserer Illusion daran, tiefer zu gehen. Damit ist jedoch nicht gemeint, dass wir unser Leben als eine Illusion betrachten sollten, und dass nichts daran wirklich ist. Alles ist für uns zur Zeit wirklich, es ist unsere momentane Realität. Eher ist damit gemeint, dass wir uns unserer Bedingungen bewusst sein sollten, und auch, dass es möglich ist, eine tiefere Ebene als gewohnt zu erreichen. Wir gelangen zu größerer Klarheit und werden bald erkennen, wie die Dinge wirklich sind. Wie es so schön heißt: „Es gibt mehr, als das Auge erfassen kann!" Wenn wir von der Tiefgründigkeit der Belehrungen sprechen, bedeutet das nicht, dass sie sehr kompliziert sind. Sie sind einfach, aber wir brauchen Klarheit im Geist, um sie wirklich zu verstehen.

Die Erklärungen, die in den Belehrungen gegeben werden, sollen uns dabei helfen, diese Klarheit zu erlangen und Verständnis zu entwickeln. Sie machen es einfacher für uns, und wir gelangen dann auf unserem Weg nicht ins Stocken. Die gegebenen Informationen helfen uns, Wissen zu erlangen, und durch dieses Wissen entgehen wir der Gefahr, von unseren Neigungen und Emotionen beherrscht zu werden. Um noch einmal zum Beispiel des Geschmacks von Gemüse zurückzukommen: Kennen wir wirklich den Geschmack von Möhren oder Kohl? Wir meinen ihn zu kennen, aber vielleicht ist er uns völlig unbekannt!

Das gleiche gilt für unsere Auffassung von der eigentlichen „Praxis". Wir hören zahlreiche Vorträge und Unterweisungen, durch die wir gewisse Vorstellungen davon entwickeln. Wie jedoch ziehen wir Nutzen aus diesen Vorstellungen? Das wissen wir nicht genau. So werden etwa Begriffe wie „zuhören, reflektieren und meditieren" immer wieder betont. Was heißt „zuhören" denn genau? Wir wissen zwar, wie man zuhört, aber manchmal hören wir nicht sehr genau hin, so dass sich das Zuhören mit unseren üblichen Neigungen vermischt. Beispielsweise sprechen wir mit jemandem über Gartenarbeit, der uns die verschiedenen Blumensorten und die Arbeitsmethoden eines Gärtners erklärt. Unser Verständnis hängt zwangsläufig von unseren eigenen Erfahrungen mit Gartenarbeit ab, also davon, was wir gewohnt sind zu tun. Dies geschieht unmittelbar. Die meiste Zeit meinen wir, die Dinge zu kennen; allerdings kennen wir die entsprechenden Konzepte nur auf die gewohnte Weise, weswegen diese Kenntnis durch unser Wissen begrenzt ist. Infolgedessen hören wir nicht mehr sorgfältig hin. Aber selbst wenn wir zuhören, brauchen wir für ein wirkliches Anwachsen unseres Verständnisses auch eine gewisse Reflektion. In den Texten wird dies als genaues Zuhören, genaue Betrachtung und genaues Lesen bezeichnet. Dies wird erst dann möglich, wenn wir nicht mehr in unseren gewohnheitsmäßigen Tendenzen und Bedingtheiten gefangen sind.

Ein klares Verständnis bedeutet, die grundlegende Natur der fühlenden Wesen zu erkennen. Dies ist bei uns nicht der Fall, denn wir sind verwirrt und blockiert, was unsere Probleme, die Ablenkungen und sogar was unser Glück betrifft. In anderen Worten, wir erleben

Verwirrung bei all unseren momentanen Erfahrungen. Das ist der Grund, warum die der Verwirrung unterliegende Existenz in *Samsara* sich im Kreise dreht.

Ein klares Verständnis ist keinesfalls übernatürlich. Jedem von uns ist es möglich, diese Fähigkeit der Klarheit im Geist zu entwickeln. Die Herausforderungen des täglichen Lebens sind relativ, wir brauchen eigentlich nur mit ihnen zu arbeiten. Die Schwierigkeiten liegen nicht in der äußeren Situation, sondern in uns selbst. Sie entstehen aus unseren Tendenzen, die mit der Verwirrung des Geistes einhergehen, und deshalb können wir nicht klar sehen. Die Dinge erscheinen uns kompliziert und oftmals wissen wir nicht, was wir tun sollen.

Mit einem klaren Geist betrachtet ist alles einfach. Buddha hat gelehrt, dass wir sehr einfach sein sollten. Manchmal wird diese Aussage missverstanden als die Aufforderung, alles aufzugeben und auch moderne Geräte oder die Vorzüge des modernen Lebens nicht zu benutzen. Doch selbst wenn wir alles aufgeben, wird der Geist dadurch nicht einfach. Es ist nicht möglich, äußerlich einfach zu sein. Als Buddha von Einfachheit sprach, meinte er, dass alles sehr einfach wird, wenn wir innerlich große Klarheit entwickeln. Ohne genaues Verständnis ist alles kompliziert. Buddha gab deswegen den Ratschlag, zu praktizieren und einfach zu sein.

Durch Verständnis und Klarheit entsteht Frieden in uns. Frieden bedeutet, nicht von anderen abhängig zu sein. Wir werden eigenständig und könnten durchaus irgendwo alleine in

Einsamkeit leben. Der Mahayana–Buddhismus[15] lehrt jedoch, dass wir die anderen nicht vergessen sollten, andernfalls können wir keinen klaren Geist erlangen. Es mag merkwürdig klingen, aber auf gewisse Weise ist das sogar praktisch, denn wir kommen so unweigerlich immer wieder zum *Bodhicitta* zurück. Sitzen wir für uns allein und meditieren in aller Ruhe, wird unser Geist einfach. Alles ist einfach. Darüberhinaus können wir dabei sogar bestimmte gute Resultate erzielen. Für die Entwicklung von Klarheit brauchen wir jedoch den Umgang mit anderen Menschen. Das bedeutet in diesem Zusammenhang nicht den normalen Umgang mit anderen etwa bei der Arbeit im Büro. Es bedeutet, uns in allen Situationen ethisch korrekt zu verhalten. Dies verbessert das eigene Verständnis, was Meditation allein nicht bewirken kann. Das kann wie ein Widerspruch erscheinen, ergibt aber durchaus einen Sinn. Das Ziel des buddhistischen Weges liegt darin, zu erkennen, wie wir mit uns selbst arbeiten können, um dann anderen zu helfen. Durch die Praxis erlangen wir eine gewisse Klarheit, was unweigerlich einen Einfluss auf unser tägliches Leben hat.

Wir haben möglicherweise auch den

---

[15] „Mahayana (Sanskrit) bedeutet „Großes Fahrzeug". Mahayana ist eine spezifische Form des Buddhismus, bei der die Praxis der geschickten Mittel (mit der Methode des großen Mitgefühls) angewandt und Weisheit entwickelt wird, die die Leerheit des Ich und aller Gegebenheiten erfasst." Auszug aus Shamar Rinpoche, *Lojong – der buddhistische Weg zu Mitgefühl und Weisheit*. Anleitungen zum Mahayana–Geistestraining. Joy–Verlag, 2010.

Wunsch, das Gelernte anzuwenden. Es funktioniert mit Sicherheit nicht, wenn wir uns selbst
zwingen oder aus einem Gefühl der Verpflichtung heraus Druck auf uns ausüben. Aus diesem
Grunde bleiben wir besser entspannt. Wir entwickeln eine gute Absicht und warten dann auf
die richtige Gelegenheit, um sie in die Tat umzusetzen. Falls wir es einmal vergessen, ist das
nicht schlimm, denn andere Gelegenheiten werden kommen. Durch unser Verständnis haben
wir bereits die richtige Motivation, und wenn
wir dann mit einer schwierigen Situation konfrontiert werden, werden wir uns von selbst
daran erinnern. Es wäre ein Fehler, es nur ein
einziges Mal zu versuchen und gleich aufzugeben, wenn es nicht so gelingt wie erwartet. Wieder besteht kein Grund zur Eile. Wir wenden
die Belehrungen an, wenn wir sehen, dass es
passt. Wenn wir sie unbedingt in jeder Situation
anwenden wollen, werden unsere Versuche fehl-
schlagen und nur unsere eigenen Neigungen
zum Vorschein bringen. Unsere Emotionen
bringen im Allgemeinen nur Verwirrung in eine
Situation. Deshalb sollten wir uns Zeit lassen
und uns entspannen. Entspannung heißt nun
wiederum nicht, sich gar nicht einzulassen, sondern bedeutet, auf den richtigen Moment zu
warten.

Es ist ein übliches Problem, dass wir uns
keine Zeit lassen. Infolgedessen erscheinen die
Dinge sehr kompliziert, da wir uns keine Zeit
zugestanden haben, um eine Sache zuerst einmal richtig zu verstehen. Manchmal brauchen
wir einfach mehr Zeit, deutlichere Erklärungen

und eine bessere Kommunikation, um die Verwirrung zu klären. Oft wollen wir dies aber nicht, weil wir keine weitere Zeit investieren wollen; dann bleibt das Problem weiterhin bestehen. Es ist, als ob wir ein Gegengift nicht nehmen wollen und damit das Gift weiter in uns wirken lassen. Genauso werden unsere Neigungen und Gewohnheiten immer weiter bestehen. Dies ist ein zentraler Punkt. Wir müssen uns also Zeit nehmen. Deshalb hören wir bei den Belehrungen zu, wie vorher erklärt, und reflektieren dann sorgfältig. Wenn wir mit unseren Kindern oder mit Menschen im Allgemeinen zu tun haben, versuchen wir, aufmerksam zu sein und die Zeit aufzubringen, ihnen zuzuhören und mit ihnen zu reden. So vermeiden wir größere Probleme oder können vorhandene Probleme lösen. Für gewöhnlich wollen wir uns nicht gern auf etwas einlassen, um Zeit zu sparen; so sind wir beschaffen. Manchmal ist es so, weil wir wirklich nicht wissen, wie wir helfen könnten. Wenn wir aber die Möglichkeit zu helfen haben, sollten wir uns die Zeit dafür nehmen, sonst werden dieselben Probleme immer wieder auftauchen. In den Lehren wird uns geraten, Geduld zu entwickeln und mit Auseinandersetzungen und Unannehmlichkeiten zu arbeiten. Nur dann werden wir fähig, beständig die nötige Zeit und Mühe aufzubringen, die letztlich zu guten Erfolgen führen.

Vorbereitung
auf Meditation

Meditation (*Gom* auf Tibetisch) ist die Haupt-
praxis des Buddhismus. Allzu oft wenden Praktizierende Meditation jedoch an, um ihre
persönlichen Interessen, Zielsetzungen oder Erwartungen zu verfolgen. Diese lenken aber vom
eigentlichen Ziel der Meditation ab und er-
schweren sogar das Erreichen der erwünschten
Resultate. Nur wenn wir Ziel und Zweck der
Meditation kennen, können wir sie in der richtigen Weise praktizieren. Dann verstehen wir
unsere eigenen Bedingungen und erkennen, wie
wir auf dem Weg die notwendigen Änderungen
vornehmen können. Über Meditation zu sprechen ist leicht. Auch scheint eine allgemeine
Übereinstimmung zu herrschen, dass die Praxis
von Meditation etwas Gutes ist. Trotzdem
scheint es uns allen schwer zu fallen, sie wirklich
regelmäßig zu üben, und wir werden immer
wieder davon abgelenkt. Dies liegt wohl in der
menschlichen Natur. Auf dem Terminkalender

unseres Lebens stehen stets andere zu verfolgende Ziele, und wir bringen nicht wirklich die Zeit und Mühe für die meditative Praxis auf.

Hin und wieder wird der Buddhismus etwas oberflächlich nur als Religion, Philosophie oder Lehrmethode betrachtet. Dabei wird leider das eigentliche Ziel des Buddhismus aus den Augen verloren, nämlich ein ethisch angemessenes und sinnvolles Leben zu führen, das uns befähigt, für die fühlenden Wesen Gutes zu bewirken. Alle buddhistischen Unterweisungen stimmen in diesem wesentlichen Ziel überein. Ein ehrliches Streben danach ist wie das Ausbringen einer Saat, die zum Baum der Verwirklichung heranwächst, der letztlich die Frucht der Buddhaschaft hervorbringt.

Aufgrund der Verdunkelung unseres Geistes können wir zur Zeit nur dem vertrauten weltlichen Weg folgen, der uns jedoch kompliziert und problematisch erscheint. Auch warten wir gern darauf, dass jemand anderes sich um uns kümmert und uns die Verantwortung für uns selbst abnimmt, anstatt mehr Klarheit zu erlangen und unsere Probleme selbst zu lösen. Während wir so warten, kommen wir nicht voran. Bemühen wir uns jedoch selbst und arbeiten wirklich an unserem Verständnis, besteht kein Zweifel, dass wir Ergebnisse erzielen werden. Der Grund, warum wir uns gerne jemand anderem unterordnen würden, um Hilfe zu bekommen, ist unsere Angst und ein wenig Faulheit sowie auch eine gewisse Abneigung, uns wirklich zu engagieren. Wenn Sie sich selbst genau beobachten, werden Sie merken, dass diese Neigungen auch bei Ihnen bestehen und Sie bis zu einem bestimmten Grade lähmen. Wir sollten immer versuchen zu verstehen, warum bestimmte Lebenssituationen für uns schwierig sind. Schauen wir genau hin, bemerken wir, dass es uns vielleicht an Eifer fehlt, an Vertrauen oder Wissen. Jeder von uns hat Probleme, und niemand mag sie. Es kann auch vorkommen, dass wir zwar wissen, wie wir ein Problem lösen könnten, jedoch keine Dringlichkeit fühlen, uns darum zu kümmern, weil uns einfach der Mut fehlt. Durch unser Zögern blockieren wir uns selbst. So verhalten wir uns generell in unserem Leben, und genauso ist es, wenn wir den Dharma praktizieren. Dabei ist es beim Dharma doch eigentlich viel einfacher, denn es gibt nicht so viel zu lernen und zu studieren wie beispielsweise an der Universität oder im Beruf. Darüberhinaus werden die Ergebnisse der Dharma–Praxis uns zweifelsohne die Fähigkeit verleihen, im normalen Leben wesentlich besser zurechtzukommen und uns selbst und unseren Nächsten von Nutzen zu sein. Der Dharma ist also unseren wirklichen Einsatz wert.

DIE ZUFLUCHT UND DER ERLEUCHTUNGSGEIST ALS GRUNDLAGE

In den Belehrungen wird betont, dass Meditation sowie jegliche buddhistische Praxis mit Zuflucht und *Bodhicitta* in Verbindung stehen sollte. *Bodhicitta*, der Erleuchtungsgeist, ist von beiden leichter zu verstehen, doch schwieriger umzusetzen. Die Zuflucht ist komplexer und ihre genaue Bedeutung ist schwieriger zu erfassen. Dennoch versuchen wir, genau darüber nachzudenken. Das Zufluchtsgelübde ist nicht nur eine formelle Zeremonie, die den Beginn des buddhistischen Pfades anzeigt, sondern man stellt dabei eine Verbindung mit Buddha, Dharma und Sangha her. Wenn wir Zuflucht nehmen, bedeutet das, dass wir uns selbst dafür entschieden haben, diese Verbindung einzugehen. Eine tiefere Bedeutung der Zuflucht ist es, die Lehren des Buddha wirklich verstehen zu wollen und sie zu akzeptieren. Der Dharma wird äußerlich durch die buddhistischen Texte repräsentiert. Die tiefere Bedeutung des Dharma entsteht jedoch durch die Art und Weise, wie er uns in unseren Handlungen und in unserer Seinsweise betrifft. Zuflucht zum Dharma zu nehmen heißt, durch die Bedeutung der Lehren Buddhas einen Schutz zu haben. Das Problem ist nur, dass es oft an deren Anwendung mangelt, weil wir immer wieder vergessen, den Dharma mit unserem Alltag in Verbindung zu bringen. Wenn unsere Einstellungen und Handlungen mit dem Dharma übereinstimmen, sind wir vor Fehlverhalten und den daraus hervorgehenden negativen Resultaten in diesem und künftigen Leben geschützt. Heutzutage nehmen viele Menschen aus ganz unterschiedlichen Gründen Zuflucht. Manche sind nicht besonders unzufrieden mit ihrem Leben, fühlen aber, dass irgendetwas fehlt. Andere verspüren vielleicht das Bedürfnis, ein gewisses Leid besser zu verstehen. Wieder andere haben im Umgang mit anderen Menschen Probleme aufgrund von Hass, Aggression oder Zorn. Diese Probleme sind alle im menschlichen Wesen begründet. Der Grund, nach Antworten zu suchen, ist bei allen Menschen die Tatsache, verstehen zu wollen. Buddha hat uns seine Lehren gegeben, damit wir das bekommen, was wir brauchen, und dieser Weg wird uns zu einem klaren und wahren Verständnis führen.

Eine Voraussetzung, um diese Lehren zu verstehen, ist das Verständnis des Erleuchtungsgeistes. Begreifen wir diesen nicht, oder sind wir unfähig, damit zu arbeiten, bleibt unser Verständnis lückenhaft. Durch *Bodhicitta* verbinden wir uns stets mit anderen. Wir können auch einzig in der Sorge um uns selbst Zuflucht nehmen, werden dann aber auf unserem Weg voraussichtlich Hindernissen begegnen, und unser Vorankommen wird beeinträchtigt.

Gampopa hat betont, dass der Dharma der rechte Pfad ist, und dass jeglicher Fortschritt auf diesem Pfad von *Bodhicitta* abhängt. Diese erleuchtete Geisteshaltung ist der Wunsch, dass alle Wesen von Leid frei sein mögen. Die meisten Menschen möchten wissen, wie sie ihr Leid lindern oder wie sie es ganz vermeiden können. In diesem Zusammenhang bedeutet Leid mehr als nur physischer Schmerz, es umfasst alle Arten von Leid, die mit den allgemeinen Lebensbedingungen und den persönlichen Erfahrungen des Einzelnen verbunden sind. Die Frage ist nun, wie man Leid verhindern kann. Es gibt viele hilfreiche Methoden und Erklärungen, die jedoch alle auf ein richtiges Verständnis

der zentralen Aussagen des Dharma zurückge-
führt werden können. Wird dieses erlangt, verläuft alles gut. Haben wir es hingegen nicht,
bleiben wir im Daseinskreislauf gefangen, was
heißt, dass wir aufgrund unserer Anhaftungen
und Erwartungen weiter an die Lebensbedingungen gebunden sind und den Kreislauf der
Begierde und somit die Unausweichlichkeit von
Leid fortsetzen.

Um es einfach auszudrücken: Wir haben ein
Problem, das wir lösen wollen. Da der Geist
dafür eine gewisse Klarheit haben muss, meditieren wir. Nach einer gewissen Zeit werden wir
uns dessen bewusst, dass selbst mit allen zur
Verfügung stehenden Methoden das grundlegende Problem nicht gelöst werden konnte. Wir
praktizieren bereits seit längerer Zeit, wobei bestimmte Verbesserungen und Erfolge auch auf-
getreten sind; jedoch sind wir immer noch nicht
vom Leid befreit. Unser Problem besteht weiterhin. Schließlich finden wir die Antwort, nämlich dass wir *Bodhicitta* entwickeln müssen,
denn sonst werden wir uns unseres Problems
nicht entledigen. Bei ehrlicher Betrachtung erkennen wir, dass die Ich-Anhaftung der Grund
dafür ist, warum wir nicht alles genau so sehen,
wie es ist. Wir brauchen die Verbindung zu den
buddhistischen Lehren, um die Ich-Anhaftung
zu verstehen. Buddha hat erklärt, dass die Unwissenheit unseres Geistes uns in die falsche
Richtung gehen lässt, wodurch immer mehr Probleme geschaffen werden. Begreifen wir, dass
wir das gleiche grundsätzliche Problem mit unserem Geist haben wie alle anderen auch, wer-

den wir nach und nach weniger zwischen uns
selbst und anderen unterscheiden. Im Wissen
darum, dass unser Problem universell besteht,
sind wir auch eher geneigt, anderen zu helfen.
Während wir also diese fürsorglichere und
wohlwollende Haltung anderen gegenüber entwickeln, suchen wir weiterhin nach einem Ausweg aus dem Leid. Wir finden die Lösung beim
Dharma, für dessen Studium und Praxis wir uns
infolgedessen entscheiden.

Wird die Unterschiedslosigkeit zwischen uns
selbst und anderen offenkundig für uns, beginnen wir alles klarer zu sehen. Sobald wir das Gefühl haben, dass wir anderen Gutes tun können,
fangen die Dinge an, besser zu laufen, und dieses Gefühl ist letztendlich unser wahres Wesen.
Damit es wirklich funktioniert, müssen wir es
tief innen fühlen. Es reicht nicht, nur zu denken,
dass wir anderen zuerst helfen müssen, um unsere eigenen Probleme zu lösen. Wir müssen
wirklich für die Bedürfnisse der anderen Sorge
tragen. Das ist der Hauptunterschied in Einstellung und Motivation. Wenn wir bei anderen
große Schwierigkeiten sehen und ihnen wirklich
helfen möchten, hilft diese Einstellung auch unserem eigenen Geist. Helfen wir anderen nur,
um uns selbst zu helfen, funktioniert es nicht.
Dieser Punkt wird so leicht und oft missverstanden. Eine altruistische Haltung ist spontan und
natürlich. Deshalb sind wir, wenn wir
Bodhicitta entwickeln, zugleich innerlich klar
und um andere besorgt. Durch das Wirken von
Karma sammeln wir Verdienste an und können
so die Dinge in der richtigen Perspektive wahr-

nehmen. Dann hängt es von uns selbst ab, entsprechend unserer Fähigkeiten zu denken und zu handeln.

Wir sollten besondere Achtsamkeit entwickeln in Bezug auf wertende Gedanken wie zum Beispiel: „Das gefällt mir, das gefällt mir nicht." Versuchen wir besser, möglichst neutral und gleichmütig zu sein hinsichtlich der Art und Weise, wie wir mit verschiedenen Menschen und Situationen im Allgemeinen umgehen. Eine Wertung bedeutet das Gegenteil davon, die Gleichheit der Bedingungen bei allen zu sehen. Seien Sie besonders achtsam, wenn Sie Gedanken hegen wie zum Beispiel: „Das ist ein schlechter Mensch. Er sollte leiden." Es ist durchaus normal, gewisse Widersprüche im Geist zu haben, die uns von *Bodhicitta* abbringen. Deshalb ist es gut, *Bodhicitta* sorgfältiger zu reflektieren, denn dadurch wird es für uns klarer. Versuchen wir die Dinge nur aus einer logischen Perspektive heraus zu betrachten, werden wir zwangsläufig urteilen. Wir werden Fehler und Irrtümer feststellen, was zu weiteren Reaktionen führt. Genau aus diesem Grunde müssen wir klar erkennen, dass wir alle den gleichen Bedingungen unterliegen, denn das wird uns helfen, *Bodhicitta* hervorzubringen. Geschieht dies, kommen wir anderen zu Hilfe und werden dadurch wiederum unsere eigene Fähigkeit zu *Bodhicitta* weiterentwickeln. Grundsätzlich haben wir alle das Potenzial, die Gleichheit der Wesen zu verstehen. *Bodhicitta* ist Teil unserer Natur. Deswegen besteht in gewisser Hinsicht gar keine Notwendigkeit, es zu entwickeln, denn wenn wir wirklich hinschauen, wissen wir, dass wir diese Qualität bereits in uns tragen.

Bodhicitta entwickelt zu haben bedeutet nicht, jeden zu mögen. Entscheidend ist es zu sehen, dass wir alle den gleichen Bedingungen unterliegen. Diese Erkenntnis oder Entdeckung öffnet unseren Geist. Es ist sehr schwierig, alle zu mögen, und darum geht es hier auch nicht. Jemand, der Vögel mag, Insekten aber fürchtet, wird durch diese Unterscheidung in seinem Geist ausschließlich Vögeln zu Hilfe kommen, nicht aber Insekten. Er hat keinerlei Verständnis dafür, warum er Insekten überhaupt helfen sollte. Dieselbe Unterscheidung machen wir auch bei Menschen, denn die einen mögen wir, die anderen nicht. Natürlich können wir das nicht ändern, selbst wenn wir es versuchen. Anstatt dessen müssen wir die grundlegenden Bedingungen jedes Lebewesens als universell und gleich erkennen, denn nur dann sind wir fähig zu verstehen, was wichtig ist. Haben wir eine unparteiische Sichtweise und erkennen, dass alle die gleichen Schwierigkeiten haben, werden wir sogar jemandem helfen, den wir eigentlich nicht mögen. Wir geben unsere Hilfe bedingungslos und ohne Erwartung einer Gegenleistung. Das ist rechtes Verständnis und die daraus resultierende rechte Anwendung von *Bodhicitta*.

Aufgrund der Verdunkelung unseres Geistes können wir die Bedingungen der Wesen nicht sehen. Wenn wir beispielsweise unsere Abneigung gegen Insekten untersuchen, erkennen wir, dass es eigentlich keinen Grund gibt, sie zu

hassen. Gleichzeitig ist es aber auch nicht notwendig, sie im Haus zu behalten, und wir können sie durchaus nach draußen setzen. Das ist
völlig in Ordnung. Wir brauchen sie weder zu
hassen noch sie als Problem zu betrachten. Es ist
völlig natürlich, keine Insekten im Schlafzim-
mer haben zu wollen, und wir werden unseren
Erleuchtungsgeist nicht verlieren, nur weil wir
sie nach draußen bringen. Dies ist nur ein Beispiel. Wann immer wir etwas oder jemanden
nicht mögen, beruht das auf einem Konzept.
Untersuchen wir dieses sorgfältig, finden wir im
Allgemeinen heraus, dass es nicht von Bedeutung ist. Nehmen wir uns die Zeit, ein Konzept
in dem Augenblick zu untersuchen, wo es im
Geist auftaucht, kann es sich auflösen, und der
Geist wird erneut zu seiner Klarheit zurückfin-
den. In den Belehrungen wird dieser Prozess
häufig mit der Auflösung von Wolken vergli-
chen, wodurch die Sonne wieder sichtbar wird.
Die Wolken verschwinden von selbst, und der
Himmel ist wieder klar. Haben wir beispielsweise Vorurteile gegenüber Spinnen, dann halten wir sie für hässlich, gefährlich und giftig.
Verstehen wir jedoch die natürlichen Lebensumstände einer Spinne, können wir die Tatsache, dass ein Insekt eine andere Gestalt hat als
wir, besser annehmen. Wir müssen es nicht
mögen, können aber die Tatsache schätzen, dass
es einen Geist hat und genau wie wir leben
möchte. Dann haben wir auch nicht mehr das
Verlangen, ihm zu schaden, und möglicherweise
möchten wir ihm sogar helfen. So kann ein ver-
ändertes Verständnis der Spinne die anfängliche

Ablehnung ausgleichen, und Ärger, Abneigung und Aggressionen ihr gegenüber können verschwinden. Außerdem ist unser Geist dann friedlich. Wir versuchen, das gleiche veränderte Verständnis unseren Mitmenschen gegenüber zu entwickeln. Wir mögen nicht jeden, was völlig normal ist, können aber verstehen, dass wir von gleicher Natur sind und denselben Bedingungen unterliegen. Durch diese Sichtweise kann sich unser Geist in gewissem Maße von der Unwissenheit befreien. Das Verständnis klärt den Geist, so dass wir fähig werden, über die unterschiedlichen Bedingungen nachzudenken. Schrittweise erscheint uns alles klarer und wir können unsere Einstellung entsprechend korrigieren.

Bodhicitta wird nicht durch besondere Methoden erlernt. Zahlreiche Lebenssituationen bieten uns die Gelegenheit, es besser zu verstehen. Wenn wir es praktizieren, wird es mit der Zeit natürlich für uns. Versuchen wir, natürlich zu bleiben, werden wir weniger Probleme haben und können stetig praktizieren. Ganz gleich welche Praxis wir ausführen, sei es Meditation oder etwas anderes, wenn wir dabei unser zentrales Ziel nicht aus den Augen verlieren, nämlich anderen und uns selbst zu helfen, haben wir eine gewisse Verwirklichung erreicht. Diese ist ein klares inneres Begreifen, dass durch die Praxis spontan entsteht. Bis zu diesem Zeitpunkt besteht immer noch ein kleiner Mangel bei unserem Verständnis von *Bodhicitta*. Es ist nicht schwierig, diesen beheben, wir brauchen dafür aber eine gewisse Zeit.

Bodhisattvas haben die Fähigkeit der geistigen Klarheit sehr weit entwickelt, und auch wir haben dieses Potenzial. Sie verfügen über Entschlossenheit im Geist und sind fähig, tatkräftig und freudvoll. Natürlich ist es nicht leicht, einen solchen Geisteszustand zu erlangen. Deshalb ist es so wichtig, *Bodhicitta* richtig zu verstehen und zu versuchen, damit verbunden zu bleiben. Unser Geist wird dadurch Klarheit statt Verwirrung erleben. Unsere Probleme sind dann noch immer vorhanden, wir haben jedoch eine Möglichkeit gefunden, mit ihnen umzugehen, werden nicht mehr von ihnen beherrscht und leiden aufgrund dessen nicht mehr darunter.

VERSCHIEDENE FORMEN VON MEDITATION

Es gibt verschiedene Formen von Meditation. Meditation bedeutet, den Geist im Gleichgewicht zu halten. Durch diese Methode wird die Verwirklichung des erwachten Geistes hervorgebracht. Verschiedene Bedingungen sind jedoch erforderlich, damit eine Meditation Früchte trägt. Wie bereits erklärt brauchen wir eine Vorbereitung, um über ein theoretisches Verständnis hinauszugelangen. Diese Vorbereitung dient auch dazu, nicht bei unseren Gewohnheiten stehen zu bleiben, sondern mit mehr Klarheit und Bestimmtheit zu leben und zu praktizieren. So nähern wir uns der Meditation mit einer angemessenen Einstellung und Erwartung.

Erwachte indische und tibetische Meister der Vergangenheit haben einfache Meditationspraktiken geschaffen, um den Praktizierenden zu helfen. „Einfach" bedeutet in diesem Zusammenhang nicht, dass es schnell und einfach geht, als ob man auf einen Schalter drücken würde. Es bedeutet, dass in den Methoden die für uns wichtigsten Punkte zusammengefasst wurden. Nun liegt es an uns, Zeit zu investieren, um die Methoden und ihre Bedeutung zu erlernen und in der Praxis anzuwenden. Dadurch bleibt unser Verständnis nicht länger oberflächlich. Wir werden auch weniger Zweifel, Kritik und Erwartungen verspüren, die unseren Fortschritt verlangsamen können. Durch wirkliches Verständnis werden wir rasch Ergebnisse erzielen.

Wenn wir ähnliche Resultate wie die großen Meister der Vergangenheit erlangen wollen, sollten wir nichts überstürzen. Für uns ist es normal, uns zu beeilen, und bei allem, was wir tun, erwarten wir, dass es problemlos läuft und sich schnell Resultate zeigen. Gleichzeitig möchten wir nicht wie ein Hamster in einem Hamsterrad rennen, der schnell läuft, aber nirgendwohin gelangt. Die hohen Lamas verwenden die verschiedensten Beispiele, wollen aber stets eines damit ausdrücken: Wenn du sitzt, versuche das, was du tust, bewusst wahrzunehmen. Manchmal haben wir es eilig, Resultate zu sehen, und wiederholen dafür nur mechanisch immer dieselben Handlungen. Wir sollten versuchen, dies zu bemerken, wenn es uns geschieht.

Ein Thema sehr genau zu verstehen braucht Zeit, ist jedoch von größter Bedeutung und unsere einzige Möglichkeit, uns zu verändern. Sind wir beispielsweise ernsthaft krank, müssen wir nach einer Kur Ausschau halten, die nicht nur zeitweilig unsere Symptome bessert, sondern die Wurzel des Problems beseitigt. Es geht um mehr als nur um den Gebrauch eines Schmerzmittels, um unsere Schmerzen zu lindern. Zudem müssen wir die richtige Medizin möglicherweise über längere Zeit einnehmen. Die passende Medizin wirkt vielleicht nicht sehr schnell, kann die Krankheit mit der Zeit jedoch heilen, ohne schädliche Nebenwirkungen hervorzurufen. Langsam aber sicher wird unsere Gesundheit sich wieder verbessern, und eine wirklich effektive Behandlung kann uns die volle Gesundheit zurückgeben. Gleichermaßen wollen wir Meditation ausführen, ohne Nebenwirkungen zu erzeugen. Wir mögen Praktiken mit einem schnellen Resultat für sehr machtvoll halten, es können jedoch Nebenwirkungen auftreten, falls wir die dafür notwendigen Vorbereitungen unterlassen haben. Wir brauchen uns aber auch nicht zu fürchten, denn wenn wir darum wissen, können wir vorsichtig sein. Der Vajrayana–Buddhismus, der zu einem späteren Zeitpunkt in diesem Buch behandelt wird, ist kein Weg mit stets sofort sichtbaren Auswirkungen. Es besteht kein Grund zur Eile, so dass wir zum Erreichen von Resultaten keinen starken Druck auf uns ausüben müssen. Das Verständnis wächst langsam und schrittweise. Es ist aber auch nicht notwendig, etwas vermeiden zu wollen oder nur in sehr vorsichtiger oder bedachter Weise zu handeln. Wir führen einfach die Praxis aus und sind dabei sorgfältig. Diese Vorgehensweise gilt tatsächlich für alles, was wir tun, der

Prozess ist der gleiche, ob wir nun unsere Gesundheit, unsere Handlungen, unsere Praxis
oder unseren Geisteszustand verbessern wollen.
Wir gehen Schritt für Schritt und sind während
des gesamten Weges achtsam.

Bezüglich der Praxis gibt es verschiedene
wichtige Anmerkungen. In den Belehrungen bezieht man sich darauf als eine Form von Disziplin. In diesem Zusammenhang bedeutet
Disziplin nicht wie sonst üblich Kontrolle oder
einen bestimmten Verhaltenskodex, der zu befolgen wäre. Disziplin verbindet uns mit den
Qualitäten der Meister einer Übertragungslinie.
Disziplin ist notwendig, denn es gibt eine
Grenze, die wir nicht überschreiten sollten und
die durch die Grundsätze des Dharma aufgezeigt wird. Dieser gibt uns Richtlinien, die eine
wichtige Basis für unsere Handlungen und
unser Verhalten darstellen, so dass wir nicht auf
negative Weise handeln. Die Belehrungen erinnern uns stets daran, natürlich und spontan zu
bleiben. Das heißt jedoch nicht, die Dinge einfach nur geschehen zu lassen; im Gegenteil,
wenn wir mit dem Dharma durch rechtes Verständnis verbunden sind, verlieren wir ihn niemals aus den Augen. Im Alltag passen wir unser
Verhalten bei für uns wichtigen oder auch un-
wichtigen Angelegenheiten entsprechend der
gegebenen Richtlinien an. Wir kennen unsere
Fähigkeiten, wissen, was wir tun können und
was nicht, und entwickeln uns in kleinen Schritten. Was immer wir tun, wird dadurch einfach,
natürlich und spontan.

In den Unterweisungen werden viele ver-

schiedene Punkte behandelt. Wir müssen sie
genau untersuchen, und gewiss werden Fragen
auftauchen. Diese Fragen führen uns zu einer
Klärung unseres Verständnisses. Normalerweise
denken wir, wenn wir etwas gehört haben, dass
wir es bereits kennen und verstehen. Oftmals
denken wir: „Dieses habe ich bereits gehört, ich
glaube es ist so." Wir neigen dazu, Schlüsse zu
ziehen, ohne sie zu hinterfragen. Wenn wir zu
einem späteren Zeitpunkt mit neuen Informationen konfrontiert werden, erkennen wir, dass
wir am Anfang nicht wirklich verstanden haben.
Zum jetzigen Zeitpunkt haben wir also keine
wirkliche Klarheit im Geist und sind ein wenig
verwirrt. Nehmen wir uns aber die Zeit und
Mühe, sorgfältig zu reflektieren, können wir ein
genaueres Verständnis entwickeln und unsere
Verwirrung auflösen.

Beim Dharma ist es besonders notwendig,
die Theorie mit tatsächlicher meditativer Praxis
zu verbinden. Durch die praktische Anwendung
erheben sich Fragen, aufgrund derer wir uns um
weitere Klärung bemühen. Diesen Prozess sieht
man bei den Debatten buddhistischer Studenten in den Ländern des Himalaya, die diese
Lernmethode benutzen. Eine Debatte besteht
aus einer Serie von Fragen und Antworten, die
dazu dienen, bezüglich bestimmter Themen
eine größere Klarheit zu entwickeln. Um debat-
tieren zu können, muss man eine gewisse An-
zahl von Themen bereits verstanden haben.
Während der Debatte werden die Themen
durch logische Argumente überprüft. Durch diesen Prozess werden die Fähigkeiten zu klarem

Denken erhöht, was insgesamt zu einem klareren Geist führt.

In den Biographien der Meister der Vergangenheit finden wir zahlreiche Beispiele, wie die Meister ihren Geist durch wiederholtes Fragen klärten. Diesem Beispiel sollten wir folgen. Manchmal kann es jedoch geschehen, dass wir bei der Lektüre von Biographien über solche Meister das bewusste oder unbewusste Gefühl haben, ihr Beispiel nicht auf uns übertragen zu können. Wir sind so konditioniert, dass wir uns für grundsätzlich anders als diese einzigartigen Menschen halten. Eine solche Überzeugung hält uns jedoch davon ab, ein korrektes Verständnis zu entwickeln. Stattdessen sollten wir untersuchen, ob wir das Gelesene in unser eigenes Leben einbeziehen können. Sicherlich werden durch das Lesen in erster Linie Konzepte erlernt, diese Konzepte können jedoch wichtige Themen in uns berühren, was uns bei unserer anschließenden Meditation helfen kann. Aus diesem Grunde lohnt es sich, zu erfahren, wie solche Meister praktizierten und welche Punkte sie besonders betonten. Dadurch erkennen wir, was auch für uns wichtig ist. Wir untersuchen dann, ob wir diese zentralen Themen in unsere Praxis integrieren können.

Dem Pfad des Dharma zu folgen verleiht uns die Fähigkeit, unsere gewohnheitsmäßigen Neigungen und Verdunkelungen aufzulösen. Unsere Neigungen sind sehr subtil und für uns selbst schwer zu erkennen. Wenn wir die Biographien der Meister lesen, können wir dabei immer wieder versuchen, tiefer zu gehen, denn es gibt viele verschiedene Ebenen zu entdecken. Wir haben die Tendenz, uns von den Details der Heldentaten und Prüfungen, welche die Meister durchleben mussten, faszinieren zu lassen, und sie erscheinen uns wunderbar und höchst interessant. Natürlich ist es gut, davon beeindruckt zu sein, nur leider ist es oftmals so, dass wir dabei stehen bleiben. Wir sollten immer nach dem Grund einer Handlung suchen, dem zentralen Punkt, der in der Erzählung enthüllt wird, nämlich was die Bedingungen und die von den Meistern geschaffenen Verbindungen waren, und welche signifikanten Resultate daraus entstanden. Dadurch werden diese Biographien zu einer enormen Wissensquelle, und durch sorgfältige Aufmerksamkeit erschließen sich uns alle Details und Aussagen. Diese wesentlichen Einsichten brauchen wir und müssen sie auch weiterentwickeln, denn dadurch werden sich unsere Einstellung und Ausrichtung unweigerlich verbessern. Wie bereits erwähnt brauchen wir Disziplin, um mit den zentralen Aussagen des Buddhismus verbunden zu bleiben, was noch einmal die Wichtigkeit von Disziplin unterstreicht. Sonst wird unsere Praxis auf Regeln und Vorschriften, traditionelle Bräuche und Verpflichtungen reduziert, denen wir auf rein mechanische Weise folgen.

Der Dharma dient uns als Richtlinie. Oft meinen wir, dafür mehr Zeit zu benötigen oder bestimmte Wege einschlagen zu müssen, aber wir können einfach die zentralen Aussagen des Buddha zu unseren Bezugspunkten machen. Wenn wir sie kennen, wissen wir, wie wir sie anwenden können und wo wir achtsam sein müssen. Mit der Zeit trägt unsere Praxis Früchte und wir wissen, wie wir letztlich die Erleuchtung erlangen können. Die Alternative besteht darin, in unseren Gewohnheitsmustern gefangen zu bleiben. Es hängt allein von uns selbst ab, durch Reflektion und Anwendung die Bedeutung dieser Aussagen wirklich zu verstehen. Das sind die Vorbedingungen, die uns auf die Praxis vorbereiten und deren Ausführung erleichtern. Wir wissen dadurch, wie viel Zeit wir aufwenden müssen, in welche Richtung wir gehen und wonach wir eigentlich suchen.

Aufgrund von Begierde und Anhaftung neigen wir dazu, uns zu sehr auf bestimmte Dinge zu fixieren, was uns letztlich blockiert. Durch die Belehrungen erfahren wir, dass die Dinge in einer Wechselbeziehung stehen. Zum Beispiel müssen wir, um unsere wahre Natur zu verwirklichen, von der Unwissenheit befreit sein, die die Ursache des Leids darstellt. Um uns vom Leid zu befreien, ist es notwendig, unseren Geist anders auszurichten. Für diese neue Ausrichtung ist es wichtig, dass der Geist nicht durch unser Festhalten blockiert wird. Gewiss ist Anhaftung schwierig zu durchbrechen, da sie eine so tief verwurzelte Gewohnheit unseres Geistes ist. Geben wir dieser grundlegenden Anhaftung nach, bilden und verstärken sich aufgrund der wechselseitigen Beziehung aller Phänomene dadurch unsere gewohnheitsmäßigen Neigungen weiter. Selbst unsere Beziehung zu den Belehrungen ist eine bestimmte Form des Festhaltens, und es ist schwierig für uns, völlig loszulassen.

Durch Entwicklung von Stabilität im Geist können wir dem Festhalten begegnen. Dadurch werden wir verstehen, was Anhaftung bedeutet und wie wir davon frei werden können. Ob das eine große Schwierigkeit darstellt, ist individuell verschieden. Manch einem gelingt es auf Anhieb, während andere länger damit ringen. Vielen erscheint es zunächst einfach, aber die Umsetzung erweist sich dann als schwierig. Der Schlüssel ist auch hier, egal welche individuellen Unterschiede bestehen, der Rat: „Locker bleiben!" Das genau ist Nicht–Anhaften. Sobald wir etwas als zu kompliziert oder schwierig empfinden, ist bereits Anhaftung im Spiel. Gleichzeitig möchten wir aber auch nicht nachlässig werden, nur alles loslassen, sondern streben ein Gleichgewicht an. Beispielsweise führen wir unsere Meditation einfach aus, und es ist in Ordnung so. Später können wir sie dann korrigieren oder anpassen. Greifen wir aber bereits während der Meditation nach etwas, machen wir Fehler. Selbst wenn wir richtig meditieren, dann aber an diesem Fortschritt anhaften, ist das wieder ein Fehler. Deshalb sollten wir versuchen, den Geist ruhig und ausgeglichen sein zu lassen.

Es kann sein, dass wir denken: „Oh, das ist eine Illusion, die ich gerne loswerden möchte." Das funktioniert aber nicht. Bis wir den Buddha–Zustand erlangt haben, ist unser Geisteszustand die durch die Unwissenheit begründete Illusion. Wenn wir mehr über unsere grundlegende Natur entdecken und sie besser verstehen, wird sich die Illusion von selbst auflösen. Alle Belehrungen unterstreichen die Tatsache, dass die Ursache des Leids und die Bedingungen von *Samsara* die grundlegenden Mittel oder die Möglichkeit darstellen, den Geist zu verstehen. Indem wir unsere eigenen Bedingungen untersuchen, entwickelt unser Geist eine größere Klarheit. Diese Entwicklung können wir nicht wirklich wahrnehmen, wie etwa die Abnahme von Unwissenheit, die Zunahme von Klarheit im Geist oder eine Verringerung der Illusion. Wir bemerken keinerlei Verbesserung. Die größere Klarheit beeinflusst jedoch eindeutig unsere Seinsweise.

Wenn wir anfangen, uns selbst mehr zu entdecken, verändern wir uns nicht unbedingt sofort in einer wahrnehmbaren Weise, obwohl sich unser Verständnis vertieft. Wir halten unsere Praxis vielleicht für schwierig, weil wir die Resultate nicht direkt wahrnehmen. Im Alltag ist das anders, unsere tägliche Arbeit bewirkt hier relativ schnell erkennbare Ergebnisse. Wir sollten beim Verständnis unseres Geistes keine wahrnehmbaren oder sofortigen Resultate erwarten.

Unsere jeweiligen Lebensbedingungen können uns sehr nützlich sein, denn sie sind wie eine Quelle für die Entwicklung von mehr Verständnis. Jeder Mensch hat ihm eigene Bedingungen; die relativen Lebensbedingungen, das Karma, die Fähigkeit zu verstehen sind individuell sehr verschieden. Das Karma ist dabei weder festgelegt noch endgültig. Die Belehrungen führen uns jedoch alle in die gleiche Richtung. Deshalb richten wir unser Leben entsprechend dem Dharma aus, und diesen

Wandel vollziehen wir mit Achtsamkeit. Die Achtsamkeit sollte uns begleiten, denn manchmal müssen wir flexibler sein, ein anderes Mal führt zu große Flexibilität zu Achtlosigkeit. Sind wir zu streng, ist kein Raum mehr da. In ausbalancierter Weise anpassungsfähig zu sein versetzt uns in die Lage, besser mit Schwierigkeiten zu arbeiten. Dies mag einfach klingen, aber Sie sollten auch wirklich versuchen, sich auf diese Weise zu entwickeln. Denken Sie über den tieferen Sinn der Lehren und deren Prinzipien nach, und indem Sie die verschiedenen Punkte miteinander verbinden, werden Sie neue Wege beschreiten. Das heißt, dass Sie die Umstände jederzeit klarer wahrnehmen können und anfangen, selbst Erkenntnisse zu erlangen. So können Sie konstant praktizieren, denn jeder Augenblick, jede Situation und jeder Geisteszustand ist wichtig. Alles wird zur Grundlage, den Geist zu erkennen.

Um Gewissheit über die wahre Natur des menschlichen Geistes zu erlangen, arbeiten wir an uns selbst. Wir stützen uns auf die Zuflucht, auf *Bodhicitta* und Meditation. Indem wir das konzeptuelle Denken, die wahre Natur der Wesen und ihre Bedingungen verstehen, wird uns vieles deutlicher. Meditation und ein daraus resultierender klarer Geist ist der Weg zu diesem Verständnis. Meditation ist mehr als nur eine Technik, um ein bestimmtes Resultat zu erlangen. Buddhistische Meditation führt zu einem Verständnis der eigenen Natur und der anderer Lebewesen, was schließlich zur Erkenntnis der letztendlichen Wahrheit führt. Dies ist die grundlegende Theorie des Buddhismus. Wie bereits erklärt besteht die Vorgehensweise daraus, die verschiedenen Themen zu vereinen, um die exakte und präzise Bedeutung zu begreifen. Wir versuchen, alles, was mit dem eigenen Ich und den anderen zu tun hat, zu überdenken und zu verstehen, um die wahre Bedeutung des Dharma zu erfassen. Alles dient uns als Gelegenheit, einen klaren und ungehinderten Geist zu entwickeln.

Die hauptsächliche Methode ist Meditation. Überdies versuchen wir, alle positiven oder negativen Umstände des täglichen Lebens, die uns begegnen, zu nutzen, um ein größeres Verständnis zu gewinnen. Das bedeutet nicht, dass wir ständig danach suchen müssen. Sobald jedoch eine Gegebenheit auftaucht, sind wir achtsam und nutzen sie entsprechend. Da jede Situation genutzt werden kann, können wir uns entspannen. Oft ist unser Geist etwas unklar und wir fühlen uns unter Druck, nervös, abgelenkt und nicht sehr glücklich. Die Dinge scheinen uns unvorhersehbar und instabil. Unsere Erfahrungen werden durch solche Gefühle bis zu einem bestimmten Grad beeinflusst oder eingefärbt. Sind wir uns jedoch unserer eigenen geistigen Bedingungen bewusst, stellen sie nicht länger ein Problem dar. Erkennen wir sie, können sie uns nicht stören oder ablenken, und es ist keine Negativität vorhanden. Wenn wir beispielsweise zornig sind, sind wir uns dessen bewusst, reagieren jedoch nicht auf eine negative Weise, indem wir es an anderen auslassen. Wir sind uns unseres Zorns bewusst, ohne unter seinem Einfluss zu handeln. Dies zeigt uns, dass unser Geist bereits klarer geworden ist. Ohne den Einfluss unserer Emotionen sind viele Lebenssituationen einfacher zu meistern, und unsere Handlungen werden angemessener und präziser. Wir werden fähig, anderen auf effektivere Weise zu helfen. Dies ist ein völlig natürlicher Weg, ohne Zwang einen klaren Geist zu entwickeln.

Meditation

Durch Meditation wird der Geist in die Lage versetzt, in seinem ursprünglichen natürlichen Zustand zu verweilen. „Natürlich" bedeutet in diesem Zusammenhang, im gegenwärtigen Moment zu ruhen. „Der natürliche Zustand des Geistes" bezeichnet seine Essenz, seine Natur, die Klarheit ist. Es wird gesagt, dass die Natur des Geistes hell oder leuchtend ist. Dabei handelt es sich jedoch nicht um gewöhnliches Licht wie etwa das Sonnenlicht oder das Licht einer Glühbirne. „Licht" bedeutet hier große Klarheit. Fälschlicherweise meinen wir, dass uns, wenn wir meditieren, ein Licht oder etwas Leuchtendes erscheinen wird. Dieser Begriff sollte uns nicht verwirren, denn wenn wir Meditation praktizieren, erfahren wir seine wahre Bedeutung. Werden wir aber von einem Konzept vereinnahmt, kann dies Verwirrung in uns verursachen, weil wir dann eher unserem eigenen Verständnis folgen. Manchmal halten wir uns für klar, auch wenn das nicht der Fall ist. Dieser Irrtum verdunkelt den Geist zusätzlich. Begriffe wie „leuchtend", „klares Licht" oder „Erleuchtung" verweisen auf „Licht" in dem Sinne, wie ein klarer Kristall Licht ganz natürlich reflektiert.

Das Gegenteil von Klarheit ist Unklarheit. Unklar zu sein heißt, beim Sitzen zahlreiche Gedanken zu haben. Es gibt eine Meditation mit dem tibetischen Namen *Shine*, Geistesruhe, durch die wir fähig werden, in einem friedlichen Geisteszustand zu verweilen. *Shine* befriedet den Geist, so dass sich Gedanken von selbst beruhigen und auflösen und der Geist dann klar ist.

Verdunkelungen verdecken die wahre Natur des Geistes. Die Gedanken verdunkeln unsere Sicht, so wie Dunst auf einer Kristallkugel verhindert, dass diese das Licht reflektieren kann. Die Verdunkelungen im Geist werden durch die Unwissenheit verursacht. Man könnte meinen, dass Unwissenheit einen sehr düsteren und negativen Zustand bedeutet, was aber nicht der Fall ist. Man kann viele kluge Ideen und Gedanken haben, und trotzdem ist gleichzeitig Unwissenheit im Geist vorhanden. Obwohl die Natur des Geistes eigentlich Klarheit ist, sind gleichzeitig Verdunkelungen da, wie Dunst auf einem Kristall. Sie werden durch leidbringende Emotionen, konzeptgebundenes Wissen und gewohnheitsmäßige Neigungen verursacht, wie bereits zuvor erklärt.[16]

---

[16] siehe Kapitel 2.

Versuchen Sie, wenn Sie meditieren, Ihren Geist auf seinen natürlichen Zustand hin auszurichten. Versuchen Sie Klarheit zu erlangen über Ihre Bedingungen und die Funktionsweise Ihres Geistes. Sie sind dazu in der Lage, weil Sie die Bedeutung des natürlichen Zustandes des Geistes sowie seine Verdunkelungen vorher studiert haben. In der Meditation werden Sie dann eine Ahnung der tatsächlichen Bedeutung bekommen.

Meditation ist eine Methode, die dem Geist zu mehr Klarheit verhilft. Zur Zeit ist unser Geist, auch wenn wir durchaus intelligent sind, auf gewisse Weise getrübt. Der Geist ist immerzu beschäftigt, er kann nicht ruhig sein oder sich zentrieren. In diesem Zustand befinden wir uns ständig, weswegen es am Anfang wichtig ist, dass wir uns tatsächlich in Meditation üben. Wir müssen an unserer Konzentrationsfähigkeit arbeiten, denn sonst bleibt der Geist unklar, und wir werden von Ablenkungen oder Schläfrigkeit überwältigt.

Meditation kann uns dabei helfen, unseren üblichen Geisteszustand umzuwandeln und die natürlichen Fähigkeiten des Geistes hervorzubringen. Da der Geist gegenwärtig und klar ist, kann er mit dem gegenwärtigen Moment arbeiten. Durch eine stete Praxis wird das Verweilen im gegenwärtigen Moment zur Gewohnheit. Probleme oder Situationen können wir dann klar sehen. Dadurch wissen wir auch, wie wir Schwierigkeiten wie Angst, Depression oder Verwirrung lösen können. Da unsere Sichtweise eines Problems, sei es nun groß oder klein, von unseren Einstellungen und unserer Persönlichkeit abhängt, werden wir durch ein klares Erkennen unserer inneren Bedingungen auch wissen, wie wir damit umgehen können. Wir werden frei. Das ist das hauptsächliche Ziel von Meditation.

Wir müssen Meditation Schritt für Schritt erlernen, genauso wie es auch bei anderen Dingen der Fall ist. Wenn wir lernen, wie unser Geist funktioniert, wird alles viel einfacher. Das durch Meditation gewonnene tiefe Verständnis unterscheidet sich sehr vom Wissen im üblichen weltlichen Sinne. Es wird Verwirklichung genannt. Es handelt sich um ein Verständnis, das der Geist vom eigenen Geist gewinnt. Wir können es nicht kaufen oder irgendwo außerhalb unserer selbst erhalten. Weil wir diese Verwirklichung des Geistes erlangen können, wird das menschliche Leben als kostbar bezeichnet.

Um den Geist zu verstehen, ist es wichtig, die Eigenschaften des Geistes auch theoretisch genau zu kennen. Leerheit ist zum Beispiel eine Qualität des Geistes, allerdings ist die Vorstellung, die wir mit diesem Begriff verbinden, meistens falsch. Leerheit kann nur durch eine tiefgründige Suche innerhalb des Geistes verbunden mit Meditation erfasst werden. Durch nach innen gerichtete Beobachtung und Analyse kommen wir stetig voran; dies ist jedoch ein langer Prozess. Zu analysieren bedeutet nicht, irgendetwas zu erfinden oder künstlich zu erzeugen. Allerdings gibt es ein System, dem wir folgen können, um Verwirklichung zu erlangen. Dies ähnelt dem Erlernen einer Wissenschaft durch verschiedene Seminare, in denen man schrittweise das gesamte Wissen erlangt. Nur über Begriffe wie Leerheit oder Verwirklichung zu sprechen ist heikel; es ist erforderlich, dass wir selbst zu einem Verständnis gelangen. Deshalb erforschen wir zunächst, was genau der Geist ist. Haben wir Verwirklichung erlangt, ist diese nicht länger etwas Vorübergehendes, Veränderliches. Die Verwirklichung des Geistes ist letztlich nichts anderes als der Geist selbst.

Während der Meditation ermöglichen wir unserem Geist, flexibel zu sein, was weiteres Verständnis begünstigt. Halten wir nämlich zu sehr an den Begriffen und der Terminologie der Unterweisungen fest, können wir kein tieferes Verständnis gewinnen. Wir alle besitzen die Buddha–Natur, das Potenzial, die Natur des Geistes zu verwirklichen. „Buddha" bedeutet die Vollendung eines klaren Geistes. Um diese müssen wir uns bemühen, besonders während der Meditationssitzungen, wo wir üben, das klare Gewahrsein des Geistes aufrechtzuerhalten. Wir versuchen, nicht an den Konzepten und Vorstellungen, was Meditation sein sollte, festzuhalten, denn sonst behindern wir uns. Wir erlauben dem Geist stattdessen, sich selbst zu klären. Dafür folgen wir stets den Meditationsanweisungen, die gewöhnlich in schriftlicher Form vorliegen und Beispiele enthalten, die deren Sinn verdeutlichen. Der tibetische Meister Milarepa (1052–1135) hat zahlreiche Lieder geschrieben, um sich selbst an die wichtigsten Punkte der Unterweisungen zu erinnern. Wir können diese Lieder studieren und ihre Bedeutung kennenlernen, um uns auf das Geistestraining vorzubereiten.

Wann immer wir meditieren, unseren Geist beobachten oder ihn analysieren, gibt es ein gewisses inneres Anhaften, obwohl wir eigentlich nichts festhalten wollen, denn alle Belehrungen raten uns davon ab. Deshalb müssen wir als erstes verstehen, was Anhaftung heißt. Wir haben fortwährend den Eindruck, dass wir nach den Dingen greifen müssten, wenn wir etwas erreichen wollen. So fühlen wir zutiefst. „Keine Anhaftung haben" verstehen wir zwar intellektuell, können es aber nicht umsetzen. Wir können nicht anders als anhaften oder festhalten. Wenn wir den buddhistischen Methoden genauestens folgen, werden wir, ob nun noch Anhaftung vorhanden ist oder nicht, in jedem Fall Resultate erlangen. Die Resultate werden besser ausfallen, wenn keine Anhaftung vorhanden ist, denn wo weniger Anhaftung ist, ist auch weniger Leid. Selbst wenn wir das nicht sofort umsetzen können, ist ein intellektuelles Verständnis dieses Punktes bereits ein sehr guter Ausgangspunkt.

Wenn wir versuchen herauszufinden, was Anhaftung und deren Objekt ist und welche Auswirkungen sie hat, werden wir feststellen, dass das natürliche Freiwerden von Anhaftung ein äußerst langsamer Prozess ist. Meditation indessen besteht nur daraus, zu sitzen und achtsam zu sein. Zudem werden wir bei genauem Hinschauen verschiedene negative Emotionen wie Eifersucht, Stolz und Begierde erkennen. Setzen wir uns nun selbst unter Druck, davon frei zu werden, ist dies erneut Anhaftung, nämlich an einen Zustand ohne Emotionen. Deshalb geht es nicht darum, Anhaftung zu vermeiden oder sich ihrer entledigen zu wollen, sondern sich ihrer bewusst zu werden und sie zu verstehen. Meditation ist eine Methode, Gewahrsein zu entwickeln und unseren Geist in Gleichmut und Ausgeglichenheit verweilen zu lassen. Es sollte kein Druck ausgeübt werden und gleichzeitig keinerlei Verlangen bestehen. Das klingt recht einfach, ist aber sehr schwer umzusetzen. Deshalb ermuntern wir uns immer wieder selbst und erinnern uns daran, was in den Belehrungen gesagt wird.

Es kann kompliziert werden, wenn wir versuchen, die Resultate der Meditation zu sehen. Sich zu sagen, dass Meditation bedeutet, die Natur des Geistes klar zu erkennen, funktioniert nicht, weil wir dann Ausschau halten und nach dem zu greifen versuchen, was diese Natur ist. Aus diesem Grunde wird Meditation in den Belehrungen meist wie folgt erklärt: „Meditation bedeutet, dass es nichts gibt, worauf meditiert werden könnte, sowie kein Festhalten an einem Ich." Von „Nicht–Meditation" zu sprechen ist aber auch nicht angebracht. Meditation bedeutet also, nicht an der Vorstellung eines Ich, an Gedanken oder Handlungen festzuhalten. Man sitzt einfach. Es fühlt sich überhaupt nicht wie Meditation an.

Wenn wir sitzen, sollten wir die Bedeutung der Unterweisungen, die wir studiert haben, in die Praxis umsetzen. Meditation ist nur ein Begriff. Wir nutzen unsere Achtsamkeit, die Bedingung für Meditation. Wenn wir ohne

Achtsamkeit sitzen, werden keine bedeutsamen Resultate dabei entstehen, höchstens nach längerer Zeit einige wenige Auswirkungen. Wenden wir die Belehrungen auf die Praxis an, werden wir erkennen, was wir tun müssen und was für uns wichtig ist. Tatsächlich können wir dadurch ein direktes Empfinden oder eine Erfahrung dessen entwickeln, was in den Belehrungen gemeint ist. Meditation kann schwierig sein, wenn wir nicht daran gewöhnt sind. Es ist nicht leicht zu verstehen, wie sie ausgeführt wird. Versuchen Sie dennoch, von Zeit zu Zeit zu praktizieren, ohne dabei irgendetwas zu erwarten; sehen Sie einfach genau hin, und Sie werden mehr und mehr verstehen. Es ist notwendig, mithilfe vieler Situationen oder Probleme dieses Verständnis auszuweiten und nach und nach den Geist zu klären.

Von Zeit zu Zeit kann es vorkommen, dass Sie, wenn Sie sitzen, einen Moment des Friedens erfahren. Sie können ihn nicht herstellen, aber er ist da, und er ist sehr klar. Vielleicht dauert er weniger als eine Sekunde. Das ist für jemanden, der nicht daran gewöhnt ist, völlig normal. Dieser Zustand taucht auf und verschwindet wieder. Eine solche Erfahrung kann viele Male geschehen, und es handelt sich um einen flüchtigen Einblick in den natürlichen Frieden des Geistes. Selbst wenn wir sehr müde sind und uns dann hinsetzen, kann dies geschehen, oder es passiert mitten in einer Handlung, wenn wir gerade eine kurze Pause machen. Das ist angenehm, auch wenn wir nicht wissen, was es ist, und es oft nicht einmal wahrnehmen.

Das Problem besteht darin, dass wir ständig alles werten, es als gut oder schlecht einordnen. Selbst wenn wir in einem friedvollen Zustand sind, ziehen wir sofort Vergleiche und versuchen zu erkennen, ob er einer unserer vertrauten Erfahrungen und Gewohnheiten entspricht – und schon ist der Frieden wieder verschwunden. Wir meinen immer, etwas damit tun zu müssen, oder wir halten daran fest, und er verschwindet. Da er uns nicht vertraut ist oder wir ihn nicht erkennen, verpassen wir diesen friedvollen Zustand zumeist, und er geht wieder vorbei. Es gibt zahlreiche Methoden, die den Praktizierenden befähigen, diesen Zustand zu erfassen oder zu erkennen. Meditation ist eine solche Methode. Wieder sollten wir uns jedoch nicht im Konzept von Meditation verfangen, sondern stattdessen versuchen, im natürlichen Zustand des Geistes zu verweilen. Auf diese Weise werden wir fähig, Frieden im Geist zu erfahren.

Der erste Schritt bei Meditation besteht darin, den Geist zur Ruhe kommen zu lassen. Wir lassen unseren Geist ungekünstelt und auf natürliche Weise klar werden und schaffen so Raum, damit Klarheit entstehen kann. Wir müssen innere Ruhe entwickeln, dies jedoch ohne Zwang, denn wir können sie nicht willentlich herstellen. Gelegentlich empfinden wir dies als widersprüchlich, denn in den Anweisungen wird uns empfohlen, ganz natürlich zu sein, und doch soll unser Geist sich sammeln. Wir haben den Eindruck, dass beides sich widerspricht, was aber nicht der Fall ist. Indem unser Geist einsgerichtet ist, können wir seine Essenz schließlich verstehen. Es ist schwierig, die Essenz des Geistes zu beschreiben, da Worte uns eher verwirren können.

Zuerst erlernen wir auf theoretischer Ebene, wie Meditation ausgeübt wird. Auf gewisse Weise ist die Theorie sehr einfach, aber wir müssen sie dennoch erlernen. Wir sollten sie weder für schwierig noch für einfach halten. Dann müssen wir sie auf praktischer Ebene ausführen. Zu Beginn lernen wir, wie Körper und Geist ruhig werden. Unsere Rede wird automatisch ruhig, sobald wir nicht sprechen. Nun sitzen wir einfach und verweilen in Stille.

Wir wollen entspannt sein, aber wie können wir das bewerkstelligen? Wenn wir aufgewühlt sind oder viele Gedanken haben, können wir uns nicht entspannen. Entspannung muss erlernt werden. Jeder von uns ist anders, aber der übliche Weg zur Entspannung besteht aus kurzen Zeitspannen stillen Sitzens. Zuerst einmal gewöhnen wir uns an diese Vorstellung. Normalerweise treiben wir uns selbst an, eine Sache nach der anderen zu tun. Wir meinen, immer beschäftigt sein zu müssen und können uns deshalb nicht entspannen. In diesem Zustand befinden wir uns ständig. Nun aber wollen wir für kurze Zeitspannen nur sitzen und entscheiden uns bewusst dafür, dies zu tun. Durch die Praxis werden wir von selbst immer mehr dazu in der Lage sein und uns vom Druck befreit fühlen, im nächsten Moment gleich wieder etwas tun zu müssen. Dann werden wir fähig, uns zu entspannen. Es ist natürlich nicht so einfach wie es scheint, ist aber bereits ein Schritt in die richtige Richtung.

Entspannung bedeutet nicht nur, dass wir in der entsprechenden Körperhaltung sitzen. Auch unsere Gedanken sollten zur Ruhe kommen, weil es sonst sehr schwer ist zu meditieren. Wir fangen jedoch damit an zu lernen, wie wir ruhig und entspannt sitzen, denn dadurch wird die Anwendung der Meditationsmethoden einfacher. Menschen, die nicht viel zu tun haben, können sich leichter entspannen. Sehr geschäftige Menschen mit vielen Verantwortlichkeiten finden es schwieriger, sich zu entspannen, sei es auch nur für wenige Minuten. Wenn sie ruhig sitzen, denken sie unaufhörlich weiter. Gerade diese Menschen sollten die Einstellung entwickeln, dass sie sich die Zeit für Entspannung nehmen werden, und dadurch werden sie langsam auch fähig dazu.

Während wir entspannt sind, versuchen wir klar zu sein. Zwei Umstände können unseren Fortschritt behindern: mentale Ablenkung und Schläfrigkeit. Mentale Ablenkung oder ein Umherwandern der Gedanken schließt persönliche Gedanken aller Art ein, wie etwa gute Ideen, angenehme Geschichten und Erinnerungen. Durch fortwährendes gedankliches Umherwandern ist der Geist abgelenkt, so dass keine Klarheit vorhanden ist. Was Schläfrigkeit betrifft, kann diese angenehm sein oder nicht, je nachdem ob der Geist entspannt oder müde ist. Da unsere geistigen Gewohnheiten sehr stark sind, müssen wir auf diese beiden Störungen der Meditation achten, um entspannt zu bleiben. Bisweilen bringt der Geist nicht so viele Gedanken hervor, sondern ist ruhig und stabil. Dieser Geisteszustand kann auch außerhalb der Meditation auftreten, zum Beispiel wenn wir müde sind und uns ausruhen.

Bereits vor der eigentlichen Meditation sollten wir versuchen, uns zu entspannen und die entsprechenden Mittel dafür anzuwenden. Sobald wir Meditation üben, wissen wir genau, was damit gemeint ist. Durch die Praxis entdecken wir neue Wege. In unserem Alltag sind wir womöglich sehr geschäftig, da es viele Dinge gibt, die unsere ganze Aufmerksamkeit erfordern, wie unsere Arbeit, die Familie und Beziehungen. Wir sollten diese Verpflichtungen voneinander getrennt halten. Beispielsweise arbeiten wir tagsüber im Büro und kümmern uns dann zuhause um unsere Familie. Büro und Heim sollten voneinander getrennt bleiben. Bringen Sie Ihre Arbeit möglichst nicht mit nachhause, und umgekehrt. Sonst werden die Probleme bei der Arbeit mit nachhause genommen und verursachen auch dort Schwierigkeiten; das ursprüngliche Problem vervielfacht sich, und bevor Sie es merken, haben Sie überall Probleme. Machen Sie eine Pause, wenn Sie zuhause oder im Büro ankommen. Das wird Ihnen dabei helfen, alles mit mehr Achtsamkeit zu bewältigen, und es wird auch zur Entspannung während der Meditation beitragen. Durch Gewohnheiten, negative Emotionen und Neigungen wird unser Geist schwer. Wenn wir uns entspannen können, erscheinen diese uns klarer, wodurch wir verstehen, dass es noch einen

anderen Weg gibt. Entsprechend unserer individuellen Bedürfnisse kann sich jeder von uns
schrittweise in diese Richtung entwickeln.

Die Belehrungen bieten uns Erklärungen für
die verschiedenen Arten von mentalen Zuständen, sie können jedoch keine exakten Anweisungen für jeden Einzelnen geben.
Grundsätzlich wünschen wir uns auch nicht,
durch Anweisungen gemaßregelt zu werden.
Die Belehrungen geben uns Richtlinien und Erklärungen, es ist jedoch unsere ganz persönliche
Aufgabe zu entdecken, worum es dabei wirklich
geht, nämlich um die Bedingungen unseres eigenen Geistes. Sobald wir diese Entdeckung gemacht haben, wissen wir genau, was zu tun ist,
und erkennen, was nutzbringend ist und was
nicht und wie wir uns im Alltag verhalten sollten. Genau dies ist das Ziel der Zufluchtnahme
zum Dharma.

Wir erkennen auch, dass manche Verhaltensweisen günstig sind, es aber schwierig ist, sie beizubehalten. Andere sind schädlich, aufgrund
unserer starken Gewohnheiten können wir sie
jedoch nicht aufgeben. Wie können wir uns also
verändern? Wie bereits erwähnt sollten wir weiterhin Fragen stellen, um Antworten zu erhalten, die unser Verständnis klären. Nur unseren
eigenen Vorstellungen zu folgen und zu meditieren wird keine Klarheit in unserem Geist hervorbringen. Bemühen wir uns bei unserer Suche
hingegen ehrlich um Verständnis, werden Fragen auftauchen und uns voranbringen. Wir können dann selbst erkennen, dass die
Verdunkelungen durch unsere gewohnheitsmä-

ßigen Neigungen tatsächlich sehr stark sind. Um mit diesen umzugehen, beginnen wir stets damit, unseren Geist zu beruhigen.

Bei der Meditation erforschen wir die Funktionsweise des Geistes. Es gibt zwei geistige Zustände, die auf Tibetisch *Nepa* und *Gyurwa* genannt werden. *Nepa* bezeichnet einen von Gedanken nicht aufgewühlten und stabilen Geist. Dieser Zustand dauert zu Beginn vielleicht nur einige Sekunden an. Je mehr man daran gewöhnt ist, desto länger kann man schließlich darin verweilen. *Gyurwa* bezieht sich auf das Kommen und Gehen der Gedanken in unserem Geist. Ein Gedanke führt zum nächsten, es gibt also einen konstanten Strom von wechselnden Gedanken im Geist. Ein neuer Gedanke bewirkt automatisch eine Veränderung. Ist der Geist stabil, erscheint uns diese Veränderung als schneller, denn aufgrund des Gewahrseins entsteht der Eindruck, dass die Gedanken sich schneller bewegen. Sind wir im Spiel der Gedanken verfangen, sind wir uns ihrer nicht mehr bewusst. Sobald wir uns aber der Gedanken bewusst werden, lösen sie sich von selbst auf, und einer nach dem anderen verschwindet wieder, vergleichbar dem unaufhörlichen Strömen von Regentropfen.

Rigpa ermöglicht es uns, unseren eigenen Geist zu verstehen. *Rigpa* bedeutet klarer Geist, klares Gewahrsein. *Rigpa* erkennt die Zustände von *Nepa* und *Gyurwa*. Abwesenheit von *Rigpa* heisst, dass wir uns unseres Gedankenstroms nicht bewusst sind und deshalb von ihm hinweggetragen werden. Sich während *Nepa* der

Gedanken gewahr zu werden, setzt eine Präsenz des Geistes voraus, die erkennt, was gerade geschieht. Diese Präsenz wird Achtsamkeit genannt (*Drenpa* auf Tibetisch), und es handelt sich dabei um eine geistige Ebene, wo alles, alle Bedingungen, klar erkannt werden.

Eine andere wichtige Fähigkeit ist achtsames Gewahrsein (*Sheshin* auf Tibetisch). Es ist eine Art von *Rigpa* und bedeutet, sich der Geschehnisse klar bewusst zu sein, um dann Veränderungen vornehmen zu können. Es ist folglich ein Zustand von größerer Klarheit als die reine Präsenz. Diese Begriffe erläutern dem Praktizierenden die Meditation. Geübte Meditierende verstehen diese Punkte mit Leichtigkeit, während es für Anfänger schwierig ist, die genaue Bedeutung zu erfassen. Es ist jedoch hilfreich, sich mit den Bedeutungen dieser Begriffe vertraut zu machen, da sie die Bedingungen für Meditation darstellen.

Um dem Anfänger zu helfen, werden Stützen für die Meditation empfohlen. Eine Stütze bedeutet eine Hilfe oder ein Hilfsmittel für die grundlegende Sammlung, die die wesentliche Bedingung für die Meditation selbst darstellt. Ein Beispiel für eine solche Stütze ist die Atmung. Wenn wir den Atem beobachten, erkennen wir, ob unser Geist ruhig oder aufgewühlt ist. Wir belassen unseren Geist in seinem natürlichen Zustand, ohne ihn zu verändern, und sind uns der Ein – und Ausatmung bewusst. Einigen Praktizierenden wird empfohlen, jeweils bis zu 21 Atemzüge zu zählen, möglichst ohne sich dabei ablenken zu lassen. Es ist wichtig, während des Zählens die Aufmerksamkeit aufrechtzuerhalten. Das bedeutet, sich jedes Ein– und Ausatmens bewusst zu sein. Sind wir uns des Atems bewusst, wird ein auftauchender Gedanke von selbst wieder verschwinden. Dann taucht vielleicht ein neuer Gedanke auf. Durch *Nepa* sind wir uns des Atems und des Zählens bewusst. *Gyurwa*, Veränderung, führt manchmal dazu, dass wir den Gedanken folgen und daraufhin das Gewahrsein des Zählens verlieren. Wir lassen uns beispielsweise ablenken, wenn wir bei der Zahl 10 angelangt sind, und die Zahl 11 zu zählen ist dann nicht länger eine bewusste Handlung. Sofort ermöglichen *Rigpa* und *Sheshin* es uns jedoch zu verstehen, was gerade geschieht, dass wir nämlich das Zählen vergessen haben. Dann wissen wir auch, wie wir zum Zählen zurückkommen können. Der zählende Geist konzentriert sich auf das Zählen und die Atmung. Beides dient uns als Stütze, die uns hilft zu erkennen, wenn wir abgelenkt sind. Sollten wir versuchen, uns einfach direkt auf die Funktionsweise unseres Geistes zu konzentrieren, werden wir das als äußerst schwierig und kompliziert erfahren. Es ist wesentlich einfacher, eine Stütze wie das Zählen der Atemzüge zu verwenden. Es ist nicht schlimm, wenn man einige Male nicht bewusst zählt, denn die Hauptsache ist, die Aufmerksamkeit immer wieder zurückzubringen, wenn man abgelenkt war. Dies ist die Grundlage von Meditation. Nach und nach wird der Geist fähig, für immer längere Zeitspannen im reinen Gewahrsam zu verweilen.

Methoden sind Stützen für die Meditation, und sie werden angewendet, um das Meditieren einfacher zu machen. Deshalb sollten wir uns weder auf die Stütze fixieren noch uns zwingen, die entsprechenden Anweisungen allzu strikt zu befolgen. Die Stützen werden nur eingesetzt, um dem Geist zu einem ausgeglichenen Zustand zu verhelfen, einem Zustand von Gleichgewicht. Hier kommen wir wieder auf das rechte Verständnis zurück; wenn wir uns darüber im Klaren sind, was wir tun, ist die Praxis einfach.

Indem wir lernen zu sitzen, zu entspannen und die verschiedenen Zustände des Geistes zu erkennen, trainieren wir tatsächlich unseren Geist. Von Training zu sprechen setzt voraus, dass wir bereits das Potential oder die Fähigkeit dazu besitzen, die bis jetzt aber noch nicht entwickelt wurde. Wir haben das Potential zu meditieren, wir müssen es nur tun. Dabei versuchen wir, keine Anhaftung an unser Tun zu entwickeln. Wir sitzen und folgen der Praxis, das ist alles. Was immer uns dann während der formellen Meditation oder im Alltag geschieht, nutzen wir, um weiteres Verständnis zu gewinnen. In allen Situationen wenden wir die gleiche Aufmerksamkeit und Art des inneren Betrachtens an. Es ist jedoch schwierig, dies auf Anhieb ohne vorheriges Training zu tun; wir müssen uns zuerst daran gewöhnen.

Ein grundlegendes Prinzip dabei ist, größere Offenheit zu entwickeln. Manchmal könnten wir den Eindruck haben, dass es sich bei Sitzmeditation und Alltagsleben um zwei verschiedene und voneinander getrennte Situationen handelt. Wenn wir sitzen, denken wir, dass wir auf eine bestimmte Weise sitzen und uns konzentrieren müssen; es erscheint uns außerordentlich wichtig. Nach der Sitzung jedoch, während der Freizeit und bei den normalen Alltagsbeschäftigungen, bemühen wir uns nicht in derselben Weise. „Freizeit" meint in diesem Zusammenhang die Zeit außerhalb der Meditationssitzung. Eine solche Einstellung kann uns behindern. Es geht darum, jederzeit offen und achtsam zu sein. Wir sollten verstehen, dass Meditation mit dem Ziel geübt wird, einen klaren Geist zu entwickeln, damit wir den Geist selbst verstehen zu können – diesen Geist, der immer mit uns ist.

Wenn wir praktizieren, entstehen zahlreiche Fragen, wie wir diese Klarheit erlangen können. Die Klarheit des Geistes wird dadurch entwickelt, dass wir unsere Verdunkelungen durch Meditation auflösen. Zu Beginn wenden wir die entsprechenden Methoden an, um einen stabilen Geist entwickeln. Diese Stabilität hat zwei Aspekte, nämlich wie wir sie entwickeln, und wie wir sie dann weiter verbessern. Aufgrund des natürlichen Gesetzes von Ursache und Wirkung können in uns selbst Bedingungen vorhanden sein, die das Erlangen von Stabilität verhindern oder uns von weiteren Fortschritten abhalten. Wenn wir uns in ungünstigen Umständen befinden, können uns die sehr wirkungsvollen Praktiken und Belehrungen des Vajrayana–Buddhismus helfen, diese Umstände zu verändern. Ganz allgemein sind die Praktiken des Vajrayana für alle Menschen ohne Unterschied hilfreich. Zugleich können sie auf die individuellen Bedürfnisse, Charaktere und Lebensumstände des Einzelnen abgestimmt werden. Wenn wir uns von einer Krankheit erholen wollen, müssen wir Medizin einnehmen, die unseren persönlichen Umständen entspricht, und nicht die Medizin von jemand anderem in einer anderen Situation. Wichtiger ist die Tatsache, dass es von unseren eigenen Bemühungen und der Tiefe unseres persönlichen Engagements abhängt, wie gut die Vajrayana–Praktiken bei uns wirken können.

Ein kurzer Einblick in die Methoden des Vajrayana

Im Buddhismus gibt es verschiedene Herange-hensweisen an die meditative Praxis: den Weg des Hinayana, Mahayana und Vajrayana (der Teil des Mahayana–Weges ist). Hierbei handelt es sich nicht um drei unterschiedliche Katego-rien von Wegen oder Praktiken, sondern die Unterschiede entsprechen den persönlichen Einstellungen und individuellen Fähigkeiten des Praktizierenden. Der Vajrayana–Weg führt zum Verständnis der Natur des Geistes. Es handelt sich nicht um ein akademisches Fach, das man in der Schule belegt und mit einem Diplom ab-solviert, und es gibt weder Beginn noch Ende dieses Weges. Für einige Menschen ist die Vajrayana–Praxis leicht zugänglich, für andere eher schwierig, was von den inneren Fähigkei-ten, den Neigungen und der jeweiligen Persön-lichkeit abhängt. Einige haben vielleicht den Eindruck, dass der Vajrayana nicht zu ihnen passt. Das bedeutet nicht, dass sie nicht die Fähigkeiten dafür haben, sondern nur, dass gerade nicht der richtige Zeitpunkt ist. Zu einem späteren Zeitpunkt können sie sich auch noch dafür entscheiden.

Die genaue Bedeutung des Vajrayana mag sich vielen entziehen. Die dabei verwendeten Konzepte und Methoden klingen aufregend und faszinierend, eine Verbindung zur Essenz des Vajrayana herzustellen gelingt jedoch nicht durch das einfache Befolgen von Anweisungen. Die Bedeutungen sind nicht offensichtlich und können auch nicht auf einfache Weise erklärt werden, denn sie sind wesentlich tiefgründiger als alles, was durch Worte übermittelt werden kann. Anders als etwa die Anleitung für die Installation eines elektronischen Geräts sind die Vajrayana–Belehrungen wesentlich mehr als schrittweise Erklärungen oder ein System von Theorien. Den Anweisungen und Methoden liegt die so genannte Übertragungslinie zugrunde. Über viele Generationen hinweg bis zur heutigen Zeit wurden die Übertragungen vom Meister zum Schüler bewahrt und ungebrochen weitergegeben. Hierbei ist es unerlässlich, dass die Reinheit der Übertragungslinie ohne Verfälschungen aufrechterhalten wird. Die Reinheit oder Essenz einer Linie wird von wahrhaften und verwirklichten Meistern gehalten, die die authentischen Belehrungen und Methoden bewahren, sie verbreiten und übertragen. Diese Reinheit oder Essenz umfasst den Ausdruck individueller Verwirklichung (auf Tibetisch *Men Ngak*), den kostbaren Segen (*Jinlap*) und die mündlichen Übertragungen (*Dam Ngak*). Aus diesem Grunde ist es für die Vajrayana–Praxis üblich, einen Lehrer zu haben, der einer Übertragungslinie angehört.

Men Ngak

Es ist schwierig, den Begriff „*Men Ngak*" zu übersetzen. Er bezieht sich auf die Qualitäten oder die Qualifikation eines verwirklichten Lehrers oder Meisters. Der Lehrer muss ein akkurates Verständnis der Belehrungen besitzen, und er muss die Methoden korrekt praktiziert haben, um dadurch selbst die Verwirklichung erlangt zu haben. Dadurch ist er qualifiziert, die Methoden und Erfahrungen mit anderen zu teilen. Zusätzlich ist der Lehrer derjenige, der die Schüler mit ihrem inneren Potenzial, der Buddha–Natur, in Verbindung bringt. Aufgrund des *Men Ngak* des Lehrers sind wir in der Lage zu praktizieren, Verständnis zu entwickeln und bei der Praxis mit unserem inneren Potenzial in Kontakt zu kommen. Deshalb ist ein Lehrer bei der Vajrayana–Praxis unerlässlich. Drei Bedingungen müssen zusammenkommen, damit wir praktizieren und dadurch letztendlich unsere Buddha–Natur verwirklichen können: Wir müssen von einem qualifizierten Lehrer den Ausdruck seiner Verwirklichung, den Segen sowie die mündlichen Übertragungen erhalten. Aus diesem Grunde muss der Lehrer *Men Ngak* haben, damit er uns die Erklärungen, die Anweisungen und den Segen übermitteln kann, die uns zum Ausüben der Praxis befähigen.

Jinlap

Auch für den Begriff *Jinlap*, Segen, gibt es keine genaue Übersetzung. Hier ein Beispiel, wie Segen wirkt: Wann immer uns etwas bei unserer Praxis unverständlich ist, hilft uns der Segen, es zu verstehen. Wir verstehen beispielsweise nicht, was der Geist ist, denn das ist nicht einfach. Wir hören Begriffe wie „Geist" oder „Buddha–Natur", können ihre Bedeutung aber nur vermuten. Werden uns die Qualitäten des erleuchteten Geistes erklärt, hören wir die Worte, merken aber, dass wir nicht wirklich verstehen, was damit gemeint ist. Das Verständnis entwickelt sich erst, wenn wir Praktiken wie Guru–Yoga oder Chenresig regelmäßig ausüben. Bei jeder Praxis handelt es sich um Kommunikation. Im üblichen Sinne bezieht sich Kommunikation nur auf Worte. Bei der Vajrayana–Praxis hingegen stellen die Rezitation von Texten, aber auch die Visualisation und das Empfangen von Essenz und Qualitäten des *Yidam*[17] eine Form der Kommunikation dar. Das Eintreten der Qualitäten des *Yidam* in unseren Geist bedeutet, dass wir uns mit der Verwirklichung, dem Verständnis der Natur des Geistes und der Buddha–Natur des *Yidam* verbinden. Es ist der Segen, der diese Verbindung

---

[17] Der *Yidam* in Gestalt einer Meditationsgottheit ist ein Aspekt der Buddha–Natur, der bestimmte Qualitäten der Erleuchtung verkörpert. Im Vajrayana ist die *Yidam*–Praxis ein vorteilhaftes Mittel, den Praktizierenden zur Befreiung zu bringen, indem er sich mit den Qualitäten, die von diesem bestimmten *Yidam* ausgedrückt werden, verbindet.

möglich macht. Oberflächlich betrachtet sieht es wie ein Wunsch oder ein Gebet aus, tatsächlich benutzen wir hier aber bereits die Vajrayana–Methoden. Durch regelmäßige Praxis bekommen die Worte und Erklärungen langsam einen Sinn für uns, und diese Antworten wurden offensichtlich nicht von uns allein hervorgebracht, sondern es ist der Segen, der uns mit dem Verständnis in Verbindung bringt. Diese Auswirkung aufzuzeigen ist sehr schwierig. Das Wissen darum, dass eine solche Wirkung möglich ist, lässt sie uns als solche verstehen, wenn wir sie erfahren. Obgleich diese Information von Bedeutung ist, heißt das jedoch nicht, dass wir sie sofort nutzen können oder sollten. Wir versuchen vielmehr zu sehen, ob bei uns selbst diese Wirkung eintritt. Die Gesänge Milarepas[18] enthalten viele dieser Aspekte, die klar dargestellt werden und einfach zu verstehen sind. Sie stellen deshalb ein exzellentes Nachschlagewerk dar.

Dam Ngak

„Mündliche Übertragung" oder „*Dam Ngak*" bezieht sich auf die klare und präzise Übertragung der Worte der Belehrungen. Im Kontext der Beziehung zwischen einem Dharma–Lehrer und einem Schüler bezeichnet die mündliche Übertragung eine eindeutige Verbindung, bei der der Schüler echtes Vertrauen frei von Zwei-

---

[18] *Milarepas gesammelte Vajra–Lieder, Band 1 und 2, Theseus Verlag, 1996 und 1997*

feln oder negativen Einstellungen hat. Der Schüler verlässt sich völlig darauf, dass der Lehrer
ihm die Bedeutung der Lehren und Praktiken
erklärt und ihm die entsprechenden Anleitungen gibt. In den Biographien der Meister der
Kagyü–Linie Marpa (1012–1097), Milarepa
sowie denen der verschiedenen Inkarnationen
des Karmapa finden wir Beispiele für die mündlichen Anweisungen des Lehrers an den Schüler.
Historische Biographien berühmter Personen
wie zum Beispiel Napoleon informieren uns
über vergangene Ereignisse, deren Zeitpunkt
und Ort. In den Lebensgeschichten hoher Meister wie Saraha (ca. 8. Jh. n. Chr.), Tilopa (988–
1069) und Naropa (1016–1100) hingegen sind
wahre Schätze der Dharma–Übertragung enthalten, die auf mündlichen Anweisungen beruhen.

Damit ein bestimmtes Resultat eintreten
kann, müssen bestimmte Bedingungen und Voraussetzungen vorhanden sein. Zur Heilung
einer Krankheit muss die passende Medizin ein-
genommen werden. *Dam Ngak* funktioniert auf
ähnliche Weise. Wenn wir etwas nicht verstehen, wenn wir wissen wollen, was wir tun sollen
oder eine Erklärung oder Anweisung brauchen,
erhalten wir die Antwort durch die mündlichen
Anweisungen der Meister. Praktizierende müssen dies wissen, damit sie beim Lesen der Biographie etwa von Milarepa den entsprechenden
Sinn darin erkennen und lernen. Diese Biographien nur als historische Geschichten zu lesen
wäre in keiner Weise hilfreich. Die klare Übertragung vom Lehrer zum Schüler, *Dam Ngak*,

mag durch das folgende Beispiel einer Geschichte aus dem Leben und den Belehrungen Naropas besser veranschaulicht werden. Naropa war ein großer buddhistischer Pandit[19] an der Nalanda–Universität in Indien, sehnte sich jedoch nach höheren Belehrungen. Dies zeigt, dass Lernen tatsächlich unbegrenzt ist. Naropa wusste, dass er einen hervorragenden Lehrer brauchte. Als er zum ersten Mal den Namen Tilopas hörte, wusste er sofort, dass er nach ihm suchen musste. Dies war Naropas eigene Auffassung und gilt daher nicht in gleicher Weise für jeden. Tilopa war jedoch für Naropa nicht leicht zu finden, da er sich versteckte und verkleidete, damit Naropa ihn nicht fand. Dies hatte einen guten Grund, denn Tilopa wollte, dass Naropa durch eine strenge Selbstprüfung ging, um zum rechten Verständnis zu gelangen. Hier ein Auszug aus „Leben und Belehrungen Naropas":

Auf einem engen Weg traf Naropa auf eine stinkende Hündin mit einer Wunde voller Würmer. Er hielt seine Nase zu und stieg achtlos über das Tier hinweg. Dieses erschien daraufhin augenblicklich vor ihm im Himmel, umgeben von einem regenbogenfarbigen Licht, und rief: „Alle fühlenden Wesen sind ihrem Wesen nach unsere Eltern.
Wie willst du den Lama finden, wenn du, ohne Mitgefühl durch den Mahayana–Pfad zu entwickeln, in der falschen Richtung suchst?

---

[19] Ein Pandit ist ein Gelehrter höchsten Ranges.

*Wie willst du den Lama finden und von ihm
akzeptiert werden, wenn du auf andere herab-
schaust?"*

*Nach diesen Worten verschwanden sowohl
die Hündin als auch die Felsen, und Naropa
fand sich auf einer sandigen Hochebene wieder.*[20]

Als Naropa das erbärmliche Tier sah, nahm er
keinerlei Notiz von ihm. Er war durchaus mit
der Idee des Mitgefühls vertraut; angesichts der
Qualen des Hundes vernachlässigte er dieses
aber. Nur darum besorgt, Tilopa zu finden, eilte
er davon, um seinem eigenen Anliegen nachzu-
gehen. Aufgrund dieses Vorfalls erkannte Naropa, dass er sich dem Erleuchtungsgeist noch
nicht wahrhaft verschrieben hatte; ohne diese
ehrliche Motivation konnte er jedoch keinerlei
Verwirklichung gewinnen. Dieses verstand Naropa durch *Dam Ngak*.

Die mündlichen Übertragungen oder Kern–
Unterweisungen führen alle schrittweise zum
Verstehen der essenziellen Aussagen. Ihr Ziel
besteht darin, zu klären, was immer wir nicht
verstanden haben. Dabei gehören sie nicht nur
zu einer einzigen Tradition oder Übertragungslinie. Sie sind von großer Bedeutung, ganz gleich
ob man den Dharma ausübt oder studiert oder
ob man sich den Vajrayana–Praktiken verpflichtet hat. Nur durch diese Übertragungen kann
man den wahren Sinn erkennen, wenn sich die

---

[20] Übersetzung aus: Guenther, *The Life and Teachings of
Naropa*, New York, Oxford University Press, 1963, S. 30–31.

Gelegenheit dafür ergibt. Die mündliche Unterweisung ist in der Mahamudra–Übertragung und auch in anderen Übertragungen von höchster Bedeutung. Genau wie Naropa müssen wir für das Erhalten der Übertragung vorbereitet und qualifiziert sein. Andernfalls würden wir sogar dann, wenn Buddha persönlich anwesend wäre, keinerlei Verwirklichung erlangen. Naropa verstand auf der Stelle seine Lektion durch das Wirken des *Dam Ngak*, und dies geschah nicht nur ein einziges Mal, sondern bei zwölf verschiedenen Gelegenheiten. Die genauen Einzelheiten werden in seiner Biographie erzählt. Diese Art von Biographie ist von unschätzbarem Wert für uns, denn die darin enthaltenen mündlichen Unterweisungen sind umfangreich und von grenzenloser Tiefe.

Es hängt einzig von unseren Bemühungen ab, ob wir bei unserer Praxis Resultate erlangen oder nicht. Wenn wir mit der Praxis arbeiten, entwickeln wir unsere Fähigkeit zu verstehen; niemand kann jedoch diese Fähigkeit im anderen erkennen. Jeder Mensch hat aufgrund seiner Vorbereitung oder der Ansammlung von Positivem in früheren Leben ein gewisses Potential. Manches Potential aus vergangenen Leben kommt in diesem Leben zur Reife, was erklärt, warum die Praxis einigen leichtfällt, während sie für andere schwierig ist. Buddha hat gelehrt, andere Menschen nicht zu beurteilen und Situationen nicht als gut oder schlecht, richtig oder falsch zu bewerten, denn im Grunde genommen fehlt uns dafür das entsprechende Wissen.

In den Vajrayana–Belehrungen werden tibetische Begriffe wie *Jinlap* oder *Men Ngak* verwendet, und es ist hilfreich, sie zu kennen. Kein deutsches Wort kann die exakte Bedeutung übermitteln. Obwohl wir sie zur Zeit noch nicht ganz verstehen, ist es dennoch gut, sie im Gedächtnis zu behalten. Wir versuchen uns mit ihrer Bedeutung in Verbindung zu bringen, um richtig ausgerichtet zu sein. Durch unsere eigene Erfahrung werden wir fähig, die wesentlichen Bedeutungen zu erkennen, wenn sie uns begegnen. Wir können dadurch unsere Fehler bemerken, sie berichtigen und auf dem Weg vorankommen. Genauso können wir falsche Darstellungen der Belehrungen erkennen; auf diese Weise hilft uns die Kenntnis dieser Begriffe.

Ein Beispiel: Die hauptsächliche Meditation, um Erleuchtung zu erlangen, wird Mahamudra genannt. Der Begriff Mahamudra ist schwierig zu übersetzen, da es in anderen Sprachen keinen Begriff dafür gibt. Wir erfahren die wirkliche Bedeutung durch eigene Erfahrung, durch die Praxis und unsere entsprechenden Bemühungen. Zusätzlich brauchen wir dafür die Übertragung von Methoden und das Wissen vergangener Meister, die durch die Mahamudra–Methoden bereits Resultate erlangt haben. Durch die Kenntnis dieser Erklärungen über Mahamudra können wir mit Bedacht einen qualifizierten Lehrer auswählen. Wir suchen dann nicht nach einer Abkürzung oder warten darauf, dass uns ein Wunder geschieht. Wir wissen vielmehr, dass wir, um Mahamudra zu verwirklichen, uns unter Anleitung eines authentischen verwirklichten Meisters selbst anstrengen müssen.

Ausführung und Resultate
der Vajrayana–Praxis

Im Vajrayana–Buddhismus gibt es zahlreiche Praktiken wie Chenresig, Grüne Tara, Dorje Sempa und Amitabha. Es handelt sich um wichtige regelmäßige Praktiken, die jeweils unterschiedliche Resultate und Auswirkungen haben. Im allgemeinen ermöglicht uns jede dieser Praktiken, unser inneres Potential zu entdecken, wodurch wir einst unsere Buddha–Natur verwirklichen werden. Zudem hat jede Praxis spezifische Eigenschaften, die uns zeitweilige Hilfe in unserer aktuellen Situation verschafft. Die Tara–Praxis kann uns beispielsweise Schutz vor Ängsten oder Schwierigkeiten bieten, denn darin besteht ihre besondere Qualität. Wenn wir schwierige Zeiten erleben und nicht genau wissen, was wir tun sollen, praktizieren wir Tara. Die Dorje–Sempa–Praxis wiederum kann uns dabei helfen, klarer zu werden und uns von Negativem zu reinigen. Die Chenresig–Praxis hat zum Ziel, dass wir durch die Entwicklung von *Bodhicitta*, dem Erleuchtungsgeist, anderen nutzen. Sie führt auf natürliche Weise dazu, dass wir anderen Wesen Hilfe leisten. Jede Praxis bringt gleichermaßen ein Ergebnis hervor, ob wir nun den kurzen oder den langen Text benutzen.

Viele Menschen bitten um „Segen", doch was verstehen wir eigentlich wirklich darunter? Die letztendliche Bedeutung von Segen besteht darin, uns mit den besonderen Qualitäten zu verbinden, die in den von uns ausgeführten

Praktiken enthalten sind. Es ist vergleichbar damit, dass wir in einem dunklen Raum sitzen und das Licht hereinlassen möchten. Wissen wir nicht, wie wir die Vorhänge öffnen können, kann das Sonnenlicht nicht hereinscheinen. Wenn wir Begriffe wie *Dam Ngak* oder *Jinlap* verstehen, wissen wir eher, was wir von unserer Praxis erwarten können. Andersfalls werden unsere Erwartungen nicht ganz die richtigen sein. Sicherlich bringt es immer gewisse Ergebnisse hervor, wenn wir Gebete sprechen oder Mantras rezitieren; die Hauptwirkung besteht jedoch darin, dass wir uns mit den Qualitäten in Verbindung bringen, die durch die Praxis entwickelt werden sollen. Die wirkliche Bedeutung der Chenresig–Praxis etwa besteht darin, wie Chenresig zu werden und zu handeln – anderen zu nutzen und frei von Unwissenheit zu sein. Das ist wirklich so und nicht nur eine Information. Zur Zeit haben wir möglicherweise allerdings noch nicht den Wunsch, wie Chenresig zu werden. Jeder von uns hat individuell verschiedene Gründe, eine buddhistische Praxis auszuführen. Wir werden auf jeden Fall einen Nutzen aus unseren Bemühungen ziehen; bringen wir jedoch wahrhaftig *Bodhicitta* hervor, werden die Auswirkungen wesentlich stärker, ja grenzenlos sein.

Wir kommen nun zum Thema der Wirksamkeit der Vajrayana–Praxis, die sehr von der jeweiligen Person abhängig ist. Alles ist möglich, ist jedoch nicht unbedingt fassbar. Es ist ähnlich wie bei den Elementarteilchen, die in der Hochenergiephysik entdeckt wurden und die nicht sichtbar oder fühlbar sind, jedoch in der Verbindung verschiedener Dinge existieren. In der Vajrayana–Praxis ist die Verbindung das absolut Zentrale und Grundlegende. Während der Praxis ist es nicht von Bedeutung, wie wir uns fühlen oder was wir beobachten, sondern was zählt, ist unser Verständnis davon, im Geist gegenwärtig zu sein. Bestimmte Erfahrungen zu haben ist sicherlich wichtig, sie nicht zu haben ist jedoch auch wichtig. Es ist eine Frage des Konzepts. Im Moment sind wir zutiefst vereinnahmt von unseren Konzepten, und unsere Erwartungen sind entsprechend beschaffen. Stets warten wir auf ein sichtbares Resultat. Durch die Praxis entwickelt sich im Praktizierenden eine grundlegende Funktionsweise oder Qualität, die nicht immer sofort zur Verfügung steht. Bei manchen Personen besteht irrtümlicherweise die Ansicht, dass bei der Vajrayana–Praxis etwas Machtvolles, Wunderbares oder Magisches geschehe. Tatsächlich ist das überhaupt nicht der Fall! Die wesentlichen Qualitäten des Geistes sind natürlicherweise vorhanden und können von jedem Individuum entwickelt werden. Davon ausgehend sind dann viele Dinge möglich, die jedoch nichts mit Magie oder Täuschung zu tun haben, und sie stellen nicht das Ziel der Vajrayana–Praxis dar. Wenn unser Geist jedoch mit solchen Ablenkungen beschäftigt ist, wird die Entwicklung unseres Potenzials tatsächlich blockiert. Es ist schwierig, im Einzelnen zu verstehen, wie genau Dinge geschehen; führen wir die Praxis jedoch regelmäßig aus, gewinnen wir auf ganz natürliche Weise ein gewisses Verständnis ihrer Bedeutung.

Wir erinnern uns immer an die Essenz der Praxis. Wenn wir zum Beispiel Chenresig praktizieren, sitzen wir, rezitieren und meditieren. Anschließend, außerhalb der formellen Praxis, versuchen wir dann, bei allem, was wir tun, die gleiche altruistische Einstellung und geistige Präsenz beizubehalten. Das bedeutet es, die Essenz der Praxis zu bewahren. Nehmen wir das Beispiel von Kerzenlicht und Sonnenlicht. Eine Kerze spendet in der Dunkelheit ein wenig Licht, die Sonne lässt es hingegen wirklich hell werden. Die Sonne hat diesbezüglich eine wesentlich größere Leistungsfähigkeit als die Kerze. Unsere Fähigkeiten entsprechen im Moment denen einer Kerze, die etwas Licht verbreitet. Durch die Praxis verbinden wir unser Licht mit den Sonnenstrahlen, damit es immer stärker wird. Es ist wichtig, regelmäßig zu praktizieren, damit unsere Fähigkeiten stetig wachsen und sich verstärken können. Sind wir dazu in der Lage, werden wir auf natürliche Weise Klarheit entwickeln, und unsere Handlungen werden anderen zunehmend von Nutzen sein. Unsere positiven Eigenschaften können sich entwickeln. Dies alles geschieht ganz natürlich, genauso wie Gras wächst: Wir können das Gras nicht wachsen sehen, aber seien Sie sicher, es wächst.

ERMÄCHTIGUNG[21]

Bevor wir eine Vajrayana-Praxis wie Dorje Sempa ausführen, ist es üblich, von einem quali-

---

[21] Auch Einweihung genannt, *Wang* auf Tibetisch oder *Abhisheka* auf Sanskrit.

fizierten Lehrer eine Ermächtigung zu erhalten. Alle Vajrayana–Praktiken beinhalten bestimmte Rituale, die auf relativer Ebene wichtig sind. Jeder Bestandteil des Rituals hat eine sehr präzise Bedeutung. Dennoch sind Rituale vom absoluten Standpunkt aus gesehen nicht wirklich wichtig. Dieser Punkt kann durch ein Beispiel veranschaulicht werden. In unserem Haus benötigen wir eine Heizung und Wasserleitungen. Es handelt sich um wichtige Annehmlichkeiten, die jedoch für unser Überleben in keiner Weise entscheidend sind. In ähnlicher Weise gibt es Rituale, um uns zu helfen; darüber hinaus sind sie jedoch nicht von absoluter Wichtigkeit.

Bei einer Einweihung gibt es im Allgemeinen drei Aspekte: die Erklärungen der Praxis (auf Tibetisch *Tri*), die Übertragung durch Lesen der Praxis (*Lung*) sowie die Ermächtigung selbst (*Wang*), welche den Praktizierenden in die Lage versetzt, die Praxis auszuführen. Das Wichtigste während jeder Einweihung ist, durchgehend gegenwärtig zu sein, das heißt zu versuchen, die Aufmerksamkeit bei dem zu halten, was gerade geschieht. Während der gesamten Zeit bewahren wir die Bedeutung der Einweihung im Geist, vom Moment der Einführung bis zur Übertragung der Einweihung, der eigentlichen Ermächtigung, und ihrem Abschluss. Unser Wunsch, eingeweiht zu werden, ist dann erfüllt, und unser Geist ist nun mit der Essenz der Praxis verbunden.

Bei einer Einweihung gibt es zwei Phasen, *Kyerim* und *Dzogrim*. Auf Tibetisch heißt Kyerim „erschaffen" und Dzogrim „sich mit dem

vereinigen, verbinden, was erschaffen wurde".
Etwas zu erschaffen bedeutet hier nicht, etwas
von fester Gestalt herzustellen. Der reine *Yidam*
und seine während des *Kyerim* visualisierte
Umgebung ist die Vorbereitung, die vom qualifizierten Meister ausgeführt wird. Während der
Dzogrim–Phase sind wir dann entsprechend unseres individuellen Potentials mit der Reinheit
des *Yidam* vereinigt. Wenn gesagt wird, dass die
Verbindung durch unseren Körper, unsere Rede
und unseren Geist geschieht, ist das symbolisch
gemeint, aber nichts Künstliches. Es symboli-
siert die Verbindung, die wir entsprechend unserer jetzigen Entwicklungsstufe hergestellt
haben, so dass wir fähig werden, unser eigenes
Potenzial möglichst umfassend zu entwickeln
und zu reinigen. Es ist wichtig, dies richtig zu
verstehen, wenn wir uns dafür entscheiden, eine
Einweihung zu erhalten. Während der Einweihung sollte unsere innere Einstellung darauf
ausgerichtet sein, den Erleuchtungsgeist hervorzubringen. Unser einziges und sehr ernsthaftes
Interesse ist das Wohlergehen der anderen
Wesen; und so üben wir die Praxis aus, um uns
selbst zu entwickeln, damit wir anderen in noch
größerem Maße nützen und helfen können.
Ohne diese entscheidende Motivation erhalten
wir vielleicht ein wenig Segen, haben jedoch die
zentrale Aussage der Lehren Buddhas nicht begriffen. Wenn wir in richtiger Weise auf die erleuchtete Geisteshaltung ausgerichtet sind,
können wir uns nach und nach vervollkommnen, bis wir zum wahren Verständnis gelangen.
Vervollkommnung bedeutet, durch die Praxis

weiteres Verständnis zu erlangen. Nehmen wir als Beispiel unsere Vorstellung von unserem Geist. Wir haben kein wirkliches Verständnis dessen, was der Geist ist oder was genau er bedeutet, und wir können dies nur erahnen. Indem wir die Praxis ausführen, werden wir schrittweise entdecken, was der Geist ist.

DIE INNEREN BEDINGUNGEN AUF NATÜRLICHE WEISE ENTWICKELN

Die grundlegenden Fähigkeiten sind von Mensch zu Mensch verschieden, können aber durch die Praxis allmählich weiterentwickelt werden. Ein Vorankommen kann jedoch nicht erzwungen werden, sondern muss sich spontan entwickeln. Diese Spontaneität hängt davon ab, ob wir die Bedeutung der Belehrungen erkennen; begreifen wir ihren Sinn, kann ein spontanes Vorankommen geschehen. Das ist vergleichbar mit dem Fall, dass wir krank sind und der Arzt uns sagt, was wir essen sollen und was nicht. Manchmal jedoch wissen wir selbst genau, welche Nahrungsmittel wir vermeiden sollten, haben also ein wirkliches Verständnis unserer Lage. Wir wissen es spontan und von selbst. Alles ist sehr einfach, wenn wir die genaue Bedeutung erfassen. Wenn wir an die Erleuchtung denken, mag sie uns weit entfernt erscheinen, oder wir meinen, dass es eine lange Zeit benötigt, sie zu erreichen. Manchmal ist es jedoch gar nicht so unwahrscheinlich, dann nämlich, wenn alle Bedingungen stimmen. Wir sollten mit unserer Praxis weitermachen, ohne sie allzu sehr zu analysieren.

Wie zuvor erklärt sind aufgrund des Segens der Übertragungslinie bestimmte Auswirkungen unweigerlich vorhanden. Es handelt sich um die inneren Bedingungen, die unsere Empfänglichkeit für die Belehrungen verstärken und uns dadurch effektiv mit ihrer Essenz verbinden. Diese inneren Bedingungen sind Vertrauen und Hingabe, echtes Vertrauen und die richtige Verbindung.

Die erste dieser Bedingungen heißt auf Tibetisch *Mögü*. Auch dies ist ein schwer zu übersetzender Begriff. Es handelt sich um eine innere Bedingung, die wir benötigen, wenn wir Belehrungen empfangen: volles Vertrauen und Achtung der erleuchteten Qualitäten. Die Wirkung von *Mögü* auf uns selbst ist die tief empfundene Wertschätzung und Anerkennung der Bedeutung der Qualitäten der Erleuchtung. Das Resultat dieser Bedingungen ist der starke Wunsch, dem Weg der Praxis zu folgen, sowie die völlige Überzeugung, dass wir dazu in der Lage sind. Durch *Mögü* haben wir die richtige Sichtweise, die uns dazu befähigt, tiefer in die Bedeutung der Lehren einzudringen, ohne während unserer Entwicklung stecken zu bleiben. So sind etwa unser Vertrauen und unsere Hingabe gegenüber dem Buddha, dem Dharma und der Sangha bei unserer Praxis sehr wichtig, und in diesem Zusammenhang können wir *Mögü* als Hingabe und Vertrauen interpretieren. Im Leben Milarepas waren seine Hingabe und sein Vertrauen so offenkundig und machtvoll, dass sie ihn in einer Lebenszeit bis hin zur vollen Erleuchtung katapultierten. Milarepas Ausdauer, die in seiner tiefen Hingabe an Marpa wurzelte, wurde niemals schwankend. *Mögü* war also der Hauptgrund für Milarepas Verwirklichung.

Die zweite innere Bedingung, die *Mögü* ähnelt, ist *Depa*, Vertrauen, wobei es sich nicht um blindes Vertrauen handelt. Dies erfordert ein wahres Verständnis dessen, was wir tun, so dass wir zutiefst davon überzeugt sind. Die Grundlage unseres Vertrauens ist mehr als nur die Tatsache, dass jemand uns dazu aufgefordert hätte, oder wir so beeindruckt sind, dass wir uns ihm anschließen wollen. Nur wenn wir sorgfältige Studien und Nachforschungen betrieben haben, gelangen wir zu einem Verständnis, das es uns ermöglicht, uns wirklich auszurichten und verbindlich einzulassen. Das ist *Depa*.

Die dritte Bedingung ist *Damtsik*. *Damtsik* heißt auf Sanskrit *Samaya* und bedeutet, die rechte Verbindung zur Essenz des eigenen Geistes zu haben. Das bedeutet, dass wir, wenn wir richtig handeln, mit Sicherheit gute Resultate erlangen. Machen wir Fehler, wird unser Weg voller Hindernisse sein. Wie wir Dinge beurteilen und wie wir handeln, ist direkt mit unserem eigenen Geist verbunden, und so bemühen wir uns, bei allem stets sorgfältig zu sein.

Unsere Gedanken, inneren Einstellungen und die Bedingungen unseres Geistes haben einen weit größeren Einfluss und stärkere Auswirkungen als unsere Handlungen. Normalerweise kontrollieren wir unsere Handlungen jedoch mehr als unseren Geist. Ist uns zum Beispiel jemand unsympathisch, versuchen wir dieses Gefühl zu verbergen, denn wir fürchten, dass es unser gutes Image verdirbt. Innerlich spüren wir jedoch unseren Widerwillen, mit der Person in Kontakt zu treten, auch wenn wir dann freundlich sind, um die Beziehung nicht zu beeinträchtigen. Unbewusst machen wir so weiter. Wir brauchen jedoch ein Verständnis unseres eigenen Geistes, anstatt ausschließlich unsere Handlungen zu kontrollieren. Manchmal denken wir: „Ich möchte nicht helfen", „Das gefällt mir nicht" oder „Ich möchte hier nicht mehr nachgeben". Bei dieser Art von Gedanken handelt es sich nicht um einen Ausdruck richtiger Verbindungen, und deshalb können sie unseren Weg behindern. Das sollten wir wissen und genau verstehen, da es sich bei *Damtsik* um eine Verwirklichung des Geistes handelt, die von unserem Verständnis abhängt. Aus diesem Grunde wird im Vajrayana die reine Sichtweise empfohlen, die selbst ein Geisteszustand ist. Sie bedeutet perfekt zu sehen, ohne Schleier oder Verzerrung. Sie ist nicht etwas Künstliches, von dem uns jemand erzählt hat, sondern entsteht aus unserer eigenen grundlegenden Natur, ist Teil unseres Bewusstseins. Wenn wir die reine Sichtweise verwirklichen wollen, müssen wir Belehrungen erhalten, das klare Erkennen erlernen und meditieren. Es geht um unsere eigene innere Entwicklung, unsere Handlungen selbst sind nicht ganz so wichtig. Das Problem sind die unsere Handlungen beeinflussenden Blockaden in unserem Geist. Wir können sie nicht verdrängen, um so Schaden zu vermeiden, sondern müssen verstehen, wie sie mit uns selbst und unserem Geist in Verbindung stehen.

Diese drei Bedingungen *Mögü*, *Depa* und *Damtsik* sind Qualitäten, die wir entwickeln sollten. Nachdem sie uns erklärt wurden, sollten wir sorgfältig ihre tiefere Bedeutung untersuchen. Was bedeuten sie ganz persönlich für uns? Wir versehen sie nicht mit Begriffen aus unserer Sprache wie Vertrauen, Glaube, Hingabe, usw., und meinen dann, wir hätten sie bereits verstanden. Wir alle wissen zum Beispiel, was Glaube bedeutet. Was aber bedeutet Glaube wirklich in unserem tiefsten Inneren? Was bedeutet Vertrauen, wenn wir es haben, oder wenn wir es nicht haben? Wir müssen unsere eigenen Umstände untersuchen, um es für uns selbst herauszufinden. Dabei sollten wir mehr mit der tieferen Bedeutung in Kontakt kommen. Mit der Zeit und durch Erfahrung werden sich unsere ursprünglichen Assoziationen zu diesen Begriffen verändern.

Das Entwickeln von Verständnis ist ähnlich dem Erlangen von Sonnenbräune. Das kann nicht geschehen, wenn wir voll bekleidet und mit Hut in die Sonne gehen; selbst nach längerer Zeit werden wir so nicht braun, sondern uns wird vielleicht nur etwas wärmer. Uns zu entkleiden ist eine Bedingung, die zuerst eintreten muss, denn nur dann kann unsere nun der Sonne ausgesetzte Haut auf natürliche Weise bräunen. In gleicher Weise kann sich unser Verständnis auf natürliche Weise entwickeln, wenn wir *Mögü*, *Depa* und *Damtsik* begreifen. Es handelt sich um die Hauptbedingungen, die ein tieferes Verständnis unseres Geistes begünstigen.

Die Tiefe des Wissens ist unbegrenzt, und so arbeiten wir kontinuierlich mit diesem inneren Verständnis bei unserer Praxis, während des Hörens von Unterweisungen oder im normalen Ablauf unseres Alltags. Auf diese Weise wird unser Verständnis reifen, bis es völlig in unsere Denkweise integriert ist. Die Beschreibung „untrennbar" wird oft verwendet und bedeutet „untrennbar von unserem Geist". Also handelt es sich um unseren Geist, und nichts wird zusätzlich hergestellt. Es ist wichtig, dass wir eine gewisse Anstrengung dafür aufbringen. Indem wir schrittweise unsere Fragen und Zweifel klären, entwickeln wir eine persönliche Erfahrung, die wahrhaftig Geist ist.

Authentischer Meister, gewöhnlicher Lama

Buddha erläuterte die Wahrheit der Befreiung von allen Problemen in *Samsara*. Diejenigen, die seinen Lehren folgten, sie anwendeten und die entsprechenden Resultate erlangten, werden als verwirklichte Meister bezeichnet. Tatsächlich wurden und werden noch immer zahlreiche Texte von diesen Meistern geschrieben. Es sind diese außergewöhnlichen spirituellen Freunde, die uns zeigen, wie wir dem Weg des Dharma hin zur Befreiung folgen können. In Gampopas *Der kostbare Schmuck der Befreiung* werden die verschiedenen Arten spiritueller Freunde erklärt. Authentische oder verwirklichte Meister werden als außergewöhnliche Lehrer betrachtet, da sie die Ergebnisse des Weges bereits verwirklicht haben. Sie sind Bodhisattvas, die in Übereinstimmung mit den buddhistischen Lehren zum Wohl der fühlenden Wesen wirken.

DER AUTHENTISCHE MEISTER

Ein authentischer Meister sollte einer buddhistischen Übertragungslinie angehören. Wenn wir einem Meister folgen, heißt das, dass auch wir mit dieser Linie verbunden sind, und gleichzeitig sind wir wie in einer Kette mit allen Meistern der Vergangenheit bis zurück zum historischen Buddha verbunden. Das ist sehr wichtig, denn auf diese Weise können wir Fehler oder einen falschen Gebrauch der Belehrungen vermeiden.

Die verwirklichten Linienhalter schufen wirksame Praktiken, um den Praktizierenden zu helfen. Über Generationen von Meistern einer Linie wurden diese Praktiken bis hin zu uns weitergegeben. Bis zum heutigen Tage erhaltene Praxistexte und Anmerkungen stehen uns ebenfalls zur Verfügung. Noch heute überarbeiten verwirklichte Meister einer Linie bestimmte Praxistexte, und zwar nicht etwa weil diese Mängel aufweisen, sondern um sie unserem heutigen Lebensstil besser anzupassen. Auch diese Texte werden dann an zukünftige Generationen weitergegeben. Es ist nicht einfach, Praktiken zu modifizieren, da deren Bedeutung unwissentlich abgeändert werden könnte. Aus diesem Grunde sind nur authentische Linienhalter qualifiziert, diese Überarbeitung vorzunehmen. Wir wiederum folgen den Praktiken sehr genau und ohne Zusätze oder Änderungen, um die Methoden und ihre Bedeutung intakt zu halten.

Bei manchen Praktiken ist es üblich, die Namen der Linienhalter zu rezitieren, um sich an sie zu erinnern und dadurch mit ihnen eine

Verbindung einzugehen. Diese Verbindung erhöht unser eigenes Potenzial, Verständnis zu entwickeln. Von den frühen Lehrern wie Marpa, Milarepa, Gampopa, dem 1. Karmapa bis hin zu denen der heutigen Zeit – wir können uns hier und jetzt durch unseren eigenen Lehrer mit ihnen allen verbinden. Das können wir uns vielleicht nur schwer vorstellen, da wir es noch nicht verstehen. Dennoch können wir uns mit unserem eigenen Lehrer durch Hingabe, Glauben und Vertrauen verbinden – einfach aus dem Grunde, weil er da ist. Gendün Rinpoche[22] war ein Beispiel für einen solchen authentischen Meister.

Über die Jahrhunderte hinweg wurden Praktizierende, die erfolgreich studierten und meditierten, selbst zu authentischen Meistern. Manche begannen in früher Jugend mit der Praxis, andere erst in fortgeschrittenem Alter. Gampopa begann mit 45 Jahren und konnte dennoch seine Praxis zur Vollendung bringen. Er führte einen Haushalt, bevor er dem großen Meister Milarepa begegnete und unter dessen Anleitung praktizierte. An diesem Beispiel sehen wir, dass es auch für uns möglich ist, dasselbe zu tun.

Die Qualitäten eines authentischen Meisters

---

[22] Gendün Rinpoche (1918–1997) war ein tibetischer Meister, der sein Leben der meditativen Praxis insbesondere in abgeschiedenen Klausuren widmete. 1975 sandte ihn der 16. Karmapa zum Lehren nach Frankreich, um den Menschen im Westen Zugang zu den authentischen Lehren des Buddha zu ermöglichen. Gendün Rinpoche gründete ein Kloster und mehrere dazugehörige Retreat-Zentren, Dhagpo Kündröl Ling.

können durch viele verschiedene Aktivitäten zum Ausdruck kommen. Seine hauptsächliche Qualität ist aber, dass sein Geist vollständig rein ist. Das bedeutet, dass wir, selbst wenn wir es versuchen, nicht einen Fehler an ihm entdecken können. In diesem Zusammenhang bedeutet ein Fehler eine irrtümliche Beurteilung. Da der Geist Gendün Rinpoches sehr rein war, war es schwierig, einen Fehler an ihm zu finden. Auf relativer Ebene mögen manche gemeint haben, dass sein Englisch und sein Französisch nicht sehr gut waren, was die Kommunikation mit ihm erschwerte. Wer jedoch seine Art zu denken, seine Handlungen und sein Verständnis betrachtete, spürte seine Reinheit. Eine solche Reinheit kann uns berühren und Hingabe und Vertrauen in uns erwecken. Jemandem zu folgen, ohne perfekte Qualitäten an ihm zu erkennen, ist hingegen blindes Vertrauen oder Fanatismus.

Da unsere Neigungen und die Bedingungen unseres Geistes sehr ausgeprägt sind, ist es schwierig für uns, uns zu verändern. Aus diesem Grunde vertrauen wir einem Meister, der uns als spirituelles Vorbild dient. Wenn wir uns verändern wollen, sehen wir in vielen Fällen, dass wir es nicht können. Selbst im Alltag ist das so: Auch wenn wir eine Möglichkeit kennen, etwas besser zu machen, verzichten wir doch darauf, weil uns Veränderungen widerstreben. Das zentrale Anliegen aller Belehrungen besteht darin, uns dabei zu helfen, uns selbst zu verändern. Ein verwirklichter Lehrer, der in seiner Praxis, seiner Haltung und seinen Handlungen wahrhaftig ist, dient uns als Vorbild. Wahrhaftigkeit bezieht sich nicht auf das physische oder äußerliche Verhalten. In unserer Gesellschaft sind die Menschen im Allgemeinen leicht von der äußeren Erscheinung einer Person beeindruckt. Jemand, der besondere Kleidung trägt und sehr freundlich spricht, kann uns beeindrucken; was ist jedoch mit seinen inneren Qualitäten? Die Haltung und die Beweggründe eines qualifizierten Lehrers sollten vollkommen mit den buddhistischen Lehren übereinstimmen und mit den unweigerlich perfekten Qualitäten der Buddha–Natur verbunden sein.

Seine Heiligkeit der 16. Gyalwa Karmapa[23] ermahnte seine Schüler stets, sich ihrer Absichten und Einstellungen bewusst zu sein. Er wies uns darauf hin, uns immer wieder auf die Ich–Anhaftung hin zu überprüfen – dieses Gefühl, sehr wichtig zu sein. Selbst wenn es nicht offensichtlich ist, verfolgen wir auf gewisse Weise immer unser eigenes Interesse. Wir tun alles letztlich für uns selbst, greifen immer stärker nach den Dingen und verlieren somit unser Ziel schnell aus den Augen. Unser Karma ist weiterhin sehr aktiv. Während weiter Ursachen geschaffen werden, gelangen alle Wirkungen mit Sicherheit eines Tages zur Reife. Das Streben nach einem Namen, nach Ruhm, Reichtum, Intelligenz, politischem Einfluss und anderem hat seine Ursache im Haften am Ich als von vorrangiger Bedeutung. Sich bis zu einem gewissen Grad um sich selbst zu kümmern ist normal und

---

[23] Rangjung Rigpe Dorje (1924–1981).

ein grundlegendes Bedürfnis, als unabhängige und verantwortliche Individuen zu leben ist jedoch auch wichtig. Wir können durchaus ohne Egozentrik leben, ohne diese Anhaftung, die nur zu Problemen und Leid führt. Selbst unser Wunsch, wie Buddha zu werden oder uns vom Leid zu befreien, kann, wenn er von Ich–Anhaftung motiviert ist, weiterhin zu allen Arten von Schwierigkeiten führen. Diese Schwierigkeiten verstehen wir dann nicht. Wir sind ansonsten vielleicht sehr angenehme Menschen, aber wenn wir unsere eigenen Probleme nicht erkennen, ist das das eigentliche Problem. Als Seine Heiligkeit Karmapa uns dies erklärte, war es nicht leicht zu verstehen, worauf er hinauswollte. Mit der Zeit konnten wir die Bedeutung seines Ratschlags jedoch begreifen. Er wies uns immer wieder an, uns selbst zu vergessen und mehr für andere zu tun. Er sagte, dass unser Leben dann sehr nützlich sein würde und wir selbst glücklich wären, was wir ja alle wollten. Dieser von Karmapa erteilte Ratschlag ist genau die zentrale Aussage der Lehren des Buddha: *Samsara* ist Leid, und *Bodhicitta* bringt uns selbst und anderen Glück. Das stellt das genaue Gegenteil der allgemeinen weltlichen Sichtweise dar, nämlich sich zuerst um „mich" zu kümmern, damit andere mir „mein" Glück nicht wegnehmen.

Die innere Einstellung eines wahrhaftigen Lehrers liegt allem, was er ist oder tut, zugrunde. Er handelt ausschließlich zum Nutzen anderer, sogar bei den kleinsten Handlungen. Seine innere Motivation wird von ihm nicht öf-

fentlich zur Schau gestellt; jemand, der hervor-
hebt, wie fürsorglich er ist, ist nicht authentisch.
Wir sollten den Lehrer genau untersuchen,
denn wir werden uns auf ihn verlassen und ihn
zum Vorbild nehmen. Da er die Übertragung
der Linie hält, folgen wir durch ihn außerdem
allen Verbindungen dieser Linie bis zurück zum
historischen Buddha.

Nehmen wir als Beispiel Gendün Rinpoche.
Er sprach keine westliche Sprache, las keine Zei-
tungen, hörte kein Radio – er schien demnach
isoliert zu sein. Wurde ihm jedoch eine Frage
gestellt, gab er sofort eine sehr klare Antwort.
Es konnte sein, dass Sie endlos über ein Problem nachgedacht hatten, wodurch es sehr kompliziert und verwirrend erschien. Gendün
Rinpoche aber konnte Ihre Verwirrung in
einem einzigen Augenblick klären. Nachher
dachten Sie dann vielleicht: „Ach, so ist das
also...". Ähnlich ist es bei einem Automechani-
ker. Er weiß genau, wie man ein Auto repariert,
da er dessen Teile und deren Funktionen genau
versteht.

Der gewöhnliche Lama

Welche Beziehung wir zu einem authentischen
Meister haben, hängt von der Tiefe unseres Verständnisses und von unserem Wissen über den
Geist ab. Wie zuvor erläutert bestimmt unsere
Ansammlung von Verdienst bis zu einem bestimmten Grad, wie empfänglich wir sind. Für
jemanden, der nicht die Voraussetzungen hat,
sich ohne weiteres mit einem Lehrer zu verbin-

den, gilt der Hinweis von Gampopa, der die Wichtigkeit eines gewöhnlichen Lehrers betonte. Durch diesen können wir beginnen, den Dharma zu erlernen, bis wir in der Lage sind, auf sinnvolle Weise mit einem authentischen Meister in Beziehung zu treten. Aufgrund der mentalen Schleier, die den Geist der fühlenden Wesen trüben, kann es andernfalls vorkommen, dass sich ein authentischer Meister direkt vor uns befindet, wir ihn jedoch nicht als einen solchen erkennen.

Die meisten Praktizierenden wünschen sich, den besten oder bedeutendsten Lehrer zu finden. Das Problem besteht darin, dass unser Urteilsvermögen von unserer Sichtweise begrenzt wird. Diese Einengung unseres Blickpunktes kann unsere Beziehung zu einem authentischen Meister beeinträchtigen, so dass sie nicht fruchtbar ist. Deshalb hat Gampopa in *Der kostbare Schmuck der Befreiung* betont, dass ein gewöhnlicher Lehrer sehr wichtig ist, denn er führt uns in den buddhistischen Weg ein. Gewöhnliche Lehrer unterweisen uns und erklären uns den Dharma, sie bereiten uns vor und helfen uns bei unserer Entwicklung. Andernfalls würden wir mit unseren Gewohnheiten fortfahren, ganz ohne den Wunsch, uns zum Besseren hin zu verändern. Es ist für die Menschen sehr schwierig, einen flexiblen Geist zu haben. Wir alle wissen zum Beispiel, was Papier ist. Wenn nun jemand kommt und uns darüber etwas völlig Neues sagt, dann glauben wir ihm nicht. Der Glaube oder das Erkennen kommen von innen, und so muss auch der Wandel von innen kommen. Ein gewöhnlicher Lama kann uns dabei helfen, den Sinn der Lehren zu erfassen, so dass wir wissen, wonach wir suchen, und wie wir uns besser ausrichten können. Er hilft uns, uns von vorgefassten Meinungen und gewohnheitsmäßigen Denkmustern zu befreien.

Wir können mit einem gewöhnlichen Lehrer auf einer persönlichen Ebene in Verbindung treten. Ob ein Lama nun gewöhnlich oder außergewöhnlich ist: Er muss, um ein wahrer spiritueller Freund zu sein, bestimmte Voraussetzungen, Merkmale und ein entsprechendes Wissen aufweisen. Das tibetische Wort „*Lama*" – „*La*" bedeutet, dass er ein größeres Wissen hat als wir, und „*Ma*" ist jemand, der sich um uns kümmert – bezeichnet einen spirituellen Ratgeber, der uns den Weg zur Buddhaschaft und deren Vollendung aufzeigen kann.

Ein buddhistischer Lehrer muss einen wahrhaft mitfühlenden Geist besitzen, was eine unabdingbare Eigenschaft ist. Er stellt anderen freiwillig seine Hilfe zur Verfügung. Er ist von unendlicher Geduld und stets sorgsam im Umgang mit seinen Worten, mit dem Ziel, anderen von Nutzen zu sein. Sein Mitgefühl wächst von selbst während seiner Aktivitäten, die alle auf der erleuchteten Geisteshaltung beruhen. Wir sollten nicht von ihm erwarten, wie die höchsten verwirklichten Bodhisattvas zu sein, sondern eher jemand, der wahrhaftig den Erleuchtungsgeist angenommen hat. Gampopa hat den „allgemeinen" oder „gewöhnlichen" Lama als jemanden beschrieben, der nicht perfekt ist, genau wie wir. Wir erwarten vom Lama also nicht, vollkommen zu sein, denn wenn wir das tun, wird es zu Problemen führen. Der gewöhnliche Lama ist deshalb besonders, weil er *Bodhicitta* hervorbringt. Seine Anleitung sollte rein sein, ohne Eigeninteresse und ohne den Wunsch, jemand Besonderes zu sein. Ohne diese ehrliche innere Verpflichtung könnte ein solcher Lehrer, selbst wenn er uns die Begriffe und Bedeutung der Belehrungen erklären kann, uns aufgrund seiner eigenen Neigungen gleichzeitig beeinflussen und uns dadurch in eine falsche Richtung führen. Aus diesem Grunde sollten wir achtsam sein und nur einem Lehrer folgen, der die richtige *Bodhicitta*–Einstellung hat. Selbstverständlich können wir die innere Motivation einer Person nicht wirklich sehen. Wir können jedoch mit Sicherheit erkennen, wenn jemand sich selbst für sehr wichtig hält. Über *Bodhicitta* zu verfügen bedeutet nicht, schön zu reden und dabei zu lächeln. Es verweist vielmehr auf einen Geist, der sehr klar und rein ist. Dieser kann auch in jemandem gefunden werden, der durch seine Eigenart rau erscheint, bei dem es jedoch unter der äußeren Hülle kein Anhaften, keinen Hass oder böse Absichten gibt.

Ein gewöhnlicher Lama sollte die Belehrungen kennen und mit den verschiedenen Themen der buddhistischen Lehre vertraut sein. Er studiert sie, praktiziert sie und wendet sie in seinem täglichen Leben an. Indem er sich auf diese Weise der Praxis verschreibt, erhält er den Segen der verwirklichten Meister. Das ist ein ganz natürlicher Prozess. Durch seine Praxis ist

er mit einem außergewöhnlichen Meister verbunden, oder mit einem *Yidam*, der in der
Vajrayana–Praxis eine Art Bodhisattva ist. Aus
diesem Grunde muss jeder spirituelle Lehrer
Praxis und Studium miteinander verbinden.

Wir müssen verstehen, dass wir beim gewöhnlichen Lama Fehler entdecken werden.
Oftmals sind die Fehler, die wir in anderen
sehen, jedoch unsere eigenen Konzepte. Ständig
urteilen und kritisieren wir, und so ist es schwierig, jemanden zu finden, der uns perfekt erscheint. Kritik entsteht besonders dann, wenn
unser Geist von unserem eigenen Wissen und
unseren persönlichen Vorstellungen verdunkelt
ist, und zwar so sehr, dass wir, wenn eine neue
oder andere Vorstellung in unserem Blickfeld
erscheint, diese direkt ablehnen. Wir haben keinen Raum, Dinge oder Personen anzunehmen,
die sich von uns unterscheiden, was letztlich bedeutet, dass wir uns selbst blockieren. Wir suchen dann weiterhin nach der perfekten Person,
können sie aber nicht finden, und in der Zwischenzeit erreichen wir überhaupt nichts.

Unsere Emotionen können von uns jedoch
verwandelt werden und dadurch sowohl zum
„Weg" als auch zum „Resultat" werden. Sie
können uns zur Natur des Geistes führen und
sind somit wie ein Weg; sie können sich in eine
Verwirklichung des Geistes verwandeln, was das
Resultat ist. Alle Dharma–Belehrungen haben
das grundlegende Ziel, dass wir die natürliche
Funktionsweise des Geistes verstehen. Die Emotionen können uns die Tür zu einem inneren
Verständnis unserer selbst öffnen. Nehmen Sie

irgendeine Emotion, und versuchen Sie diese genauer zu verstehen, indem Sie sie beobachten und dann darüber nachdenken. Versuchen Sie dies zu üben und daraus zu lernen. Wenn wir wieder einmal damit beschäftigt sind, über andere zu urteilen, erinnern wir uns daran, dass auch sie menschliche Wesen sind, genau wie wir. So entwickeln wir einen reinen Geist, und dies wird uns auch dabei helfen, uns selbst zu verstehen. Ein reiner Geist heißt nicht, dass wir nur Gutes über jemand anders denken, denn das ergibt keinen tieferen Sinn. Ein reiner Geist erkennt die grundlegenden Bedingungen des Menschseins. Diese umfassen Unwissenheit, leidbringende Gefühle, Vorurteile, Projektionen, usw. Weil wir Menschen sind, haben wir diese verschiedenen Geisteszustände. Ob wir mit dem Lama oder mit Menschen allgemein zu tun haben – es ist immer nützlich, sich der eigenen mentalen Schleier bewusst zu sein, die von unseren Emotionen und gewohnheitsmäßigen Neigungen verursacht werden.

Ebenso wie wir einen offenen Geist bezüglich unseres Lehrers bewahren wollen, versuchen wir auch, uns der Vorurteile und Konzepte im Umgang mit anderen Menschen bewusst zu sein, wodurch wir noch deutlicher verstehen, welche Verdunkelungen wir aufgrund unserer Emotionen, gewohnheitsmäßigen Neigungen und vorgefassten Meinungen haben. Dieses Wissen wenden wir dann im Umgang mit anderen an, denn andernfalls bleiben die Belehrungen für uns nur leere Worte. Es ist recht einfach, mit unseren Kindern, unserer Familie und

Freunden zu arbeiten. Diese Beziehungen ent-
hüllen uns vieles über uns selbst. Wenn wir unsere inneren Bedingungen klarer sehen,
versuchen wir bei unserer Reflektion noch tiefer
zu gehen. Durch diesen Prozess können wir
Fortschritte machen. In den Belehrungen wird
stets die Bedeutung eines ethischen Verhaltens
hervorgehoben. Wenn wir verstehen, dass es
besser ist, Freunde mit einem schlechten Einfluss auf uns zu meiden, ist es nur logisch, dass
wir für andere möglichst ein Freund mit einem
guten Einfluss sein wollen. Das Wissen um unsere Funktionsweisen nimmt zu, wenn wir
damit fortfahren zu praktizieren, Innenschau zu
halten und unser dadurch gewonnenes Verständnis im täglichen Leben anzuwenden. Dies
alles stellt ein grundlegendes Ziel unserer Beziehung mit dem Lama dar.

Ein gewöhnlicher Lama ist jemand, der den
Erleuchtungsgeist entwickelt hat, was bedeutet,
dass er eine angemessene Haltung hat und sich
an eine korrekte Ethik hält. Er hat bereits einige
Praktiken vollbracht, und er kann lehren. Wenn
wir damit beginnen, den Dharma zu erlernen,
ist ein gewöhnlicher Lehrer wichtig, weil wir
einfacher mit ihm in Beziehung treten können.
Beim Verständnis des Dharma ist er weiter fort-
geschritten als wir und deshalb für uns ein
Freund auf spiritueller Ebene. „Spirituell" wird
als Gegensatz zu „weltlich" verwendet, da der
Lama uns Informationen über die authentischen
Lehren des Buddha und der anderen großen
Meister vermittelt. Aus diesem Grunde benötigen wir auch einen bestimmten Grad von Ver-

trauen und Achtung ihm gegenüber als unserem Lehrer. Wir befolgen seine Anweisungen und wenden sie in der Praxis an, und wir können sicher sein, durch unsere Anstrengungen bestimmte Resultate zu erlangen. Das heißt, dass wir Verdienst ansammeln, das uns im Gegenzug günstige Bedingungen verschafft, durch die wir Bodhisattvas oder außerordentlichen Meistern in sinnvoller Weise begegnen können. Diese große Chance werden wir dann auch nutzen können und nicht etwa vergeuden. Noch wichtiger ist es, dass ein gewöhnlicher Lama eine große Hilfe dabei ist, uns auf die Verbindung mit den verwirklichten Meistern vorzubereiten.

Es gibt verschiedene Arten einer Beziehung zum Lama. Die grundlegende Beziehung besteht darin, dass der Schüler Unterweisungen vom Lehrer erhält und diese in der Praxis anwendet. Vorausgesetzt wir haben das zuvor erklärte rechte Verständnis, ist es nicht sehr schwierig, mit einem Lehrer eine Verbindung einzugehen; ohne dieses könnte es aber passieren, dass wir ins Stocken geraten und nicht in der Lage sind, vollen Nutzen aus der Beziehung zu ziehen. Unsere Konzepte und Meinungen hindern uns oftmals daran, die Dinge auf eine andere Weise zu sehen. Hören wir beispielsweise das Wort „Liebe", hat jeder von uns eine vorgefasste Meinung darüber. Ein einziger Begriff bezeichnet viele verschiedene Arten von Liebe, und außerdem erlebt jeder von uns die Bedeutung auf eine andere Weise. Die meisten Menschen sind sich solcher Unterschiede bewusst und sind deshalb im Allgemeinen umsichtig bei Kommunikation und Interpretation. Auf die gleiche Weise müssen wir in der Beziehung zum Lama einen offenen Geist behalten.

Wenn wir einem authentischen Lehrer begegnen und von ihm Belehrungen bekommen, empfinden wir möglicherweise eine gewisse Verbindung zu ihm, zögern aber gleichzeitig und denken etwa: „Ich kann den Lama nicht als einen Buddha sehen. Ich kann mir nicht vorstellen, dass er vollkommen rein ist." Solche Zweifel können durchaus im Geist auftreten. Hier ist es hilfreich, die historischen Lehrer–Schüler–Beziehungen zu studieren. Wenn wir lesen, in welcher Beziehung Milarepa zu seinem Lehrer Marpa stand, können wir die Qualitäten eines Meisters deutlicher erkennen. Gleichzeitig lernen wir, auf welche Weise sich die Meister der Vergangenheit übten, als sie selbst noch Schüler waren. Auch für dieses Thema ist *Der Kostbare Schmuck der Befreiung* eine hervorragende Quelle, denn dort finden wir eine detaillierte Beschreibung der Qualifikationen eines Meisters. Die verschiedenen Arten von Lehrern werden erklärt, vom gewöhnlichen Dharma–Lehrer bis hin zum Bodhisattva oder außergewöhnlichen spirituellen Freund, der bereits eine gewisse Ebene der Verwirklichung erlangt hat. Durch ein sorgfältiges Studium der Klassifizierungen und der Erklärungen von Gampopa zu diesem Thema erlangen wir ein besseres Verständnis.

Die Schüler

VERDIENST

Für unsere Dharma–Praxis ist die Ansammlung von Verdienst oder positivem Potential sehr wichtig. Zuerst einmal müssen wir die genaue Bedeutung von „Verdienst" in diesem Zusammenhang verstehen. Für gewöhnlich wird Verdienst als Ursache für glückliche Umstände im Leben angesehen, wie etwa Erfolg bei dem zu haben, was wir tun, oder unter guten Bedingungen zu leben. Das ist nicht die Art von Verdienst, die wir für unsere Praxis brauchen. Um zu illustrieren, welche Bedeutung Verdienst hier hat, nehmen wir als Beispiel Wasser, das wir auf ein Stück Papier gießen. Das Wasser fließt vom Papier herunter, denn Papier hat nicht die Fähigkeit, Wasser zu halten. In gleicher Weise ist ein Geist ohne Verdienst nicht fähig zu einem klaren Verständnis. Wir versuchen also Verdienst anzusammeln, damit der Geist die Fähigkeit erlangt, die Bedeutung der buddhistischen

Lehren korrekt zu verstehen.

Selbst wenn wir den Belehrungen zustimmen, bedeutet das nicht, dass wir ihren Sinn auch erfasst haben. Dafür benötigen wir die Ansammlung von Verdienst, die bei jedem Individuum unterschiedlich groß ist. Gampopa sagte, dass aufgrund unterschiedlichen Verdienstes einige Menschen den Sinn der Lehren sogleich erfassen, während andere nicht dazu in der Lage sind. Wir können nicht beurteilen, ob jemand anders Verdienst hat oder nicht. Menschen mit klarem Geist oder leichtem Zugang zum Verständnis des Dharma haben in vergangenen Leben bereits viel Verdienst angesammelt. Diejenigen, die noch kein positives Potential angesammelt haben, können die Fähigkeit zu verstehen jedoch entwickeln. Sie brauchen allerdings mehr Zeit dazu. Dies verdeutlicht, wie wichtig Verdienst (*Sönam* auf Tibetisch) ist. Es hat einen direkten Einfluss auf die Klarheit unseres Verständnisses.

In *Der kostbare Schmuck der Befreiung* wird auch erklärt, dass das innere Potential oder die Fähigkeiten eines Schülers vollständig vom Verdienst abhängen, der das „grundlegende Karma" eines Schülers darstellt. Das heißt also, dass unsere eigene Verständnisfähigkeit und unsere Sichtweise direkt von unserem Verdienst abhängen. Wir sollten uns Zeit nehmen, über die Bedeutsamkeit von Verdienst zu reflektieren.

Oberflächlich betrachtet scheint es einfach zu sein, mit dem Lama oder Lehrer in Beziehung zu stehen, besonders wenn alles gut läuft. Entstehen hingegen Zweifel oder Widersprüche in uns, wissen wir nicht mehr, wie wir damit umgehen sollen und müssen uns um Klarheit bemühen. Aufgrund unseres eigenen Potentials können wir jedoch nur ein bestimmtes Maß an Verständnis haben. Deshalb sollten wir beispielsweise nicht versuchen, genauso viel zu verstehen wie jemand anders. Stattdessen arbeiten wir daran, unser inneres Potential zu entwickeln. Dies können wir unter Anleitung unseres Lehrers tun. Mit den richtigen Unterweisungen versehen können wir beginnen, die Methoden anzuwenden. Auf diese Weise verbessern wir unser Verständnis kontinuierlich, ohne Eile oder Druck. Doch auch wenn wir uns mit der Zeit entwickeln, ist das nichts Besonderes. Wir stehen weiterhin mit unserem Lehrer in der einzigen uns bekannten Art und Weise in Beziehung – nämlich auf der Grundlage unseres inneren Verständnisses. Es gibt keine andere Möglichkeit.

Im Moment ist unser Geist noch verschleiert, weswegen wir unser wahres Wesen und das der uns umgebenden Welt nicht erkennen können. Während unser Geist sich im Zustand der Unwissenheit befindet, sind wir im Glauben an eine illusorische Existenz gefangen. Im Madhyamaka (der höchsten der buddhistischen philosophischen Sichtweisen) wird dieses Hindernis in unserem Geist in allen Einzelheiten erläutert. Es behandelt die Unwissenheit, die Illusion und wie man sich daraus befreien kann. Doch selbst anhand solcher Erklärungen werden wir noch keine klare Vorstellung von diesen

Bedingungen unseres Geistes haben. Die Illusion ist ein sehr tief verankertes Konzept, und
unser Verständnis muss äußerst präzise sein,
damit wir sie in ihrer ganzen Bedeutung verstehen. Die Sichtweise des Madhyamaka basiert
auf strenger Analyse und komplexen logischen
Schlussfolgerungen. Diese Sichtweise bringt,
zusammen mit tatsächlicher Meditationserfah-
rung, schließlich die letztendliche Klarheit hervor, durch die wir erleuchtet und vom Leid
befreit werden können.

Es erübrigt sich zu erwähnen, dass die
Madhyamaka–Sichtweise nicht einfach zu erfassen ist. Die Worte klingen zwar relativ einfach,
aber wir benötigen ein sehr großes positives Potential, um sie zu verstehen. Wie bereits erwähnt assoziieren viele den Begriff Verdienst
mit einem angenehmen und leichten Leben, in
dem alles relativ gut verläuft. Daher denken sie
vielleicht: „Ich habe viele Probleme, ich bin
nicht wirklich erfolgreich – das muss also bedeuten, dass ich keine Verdienste habe." Dies ist jedoch nicht unbedingt der Fall. Betrachten wir
die Biographien der großen Siddhas. Ein Siddha
ist ein Mensch mit einer tiefgründigen Verwirklichung des Geistes. Oftmals waren die Siddhas
begabte Praktizierende, im weltlichen Leben jedoch im üblichen Sinn nicht erfolgreich. Erst
nachdem sie den Dharma bis zur Verwirklichung praktiziert hatten, hatten sie schließlich
Erfolg. In diesem Zusammenhang kann sich
Verdienst tatsächlich sogar in Form von Hindernissen im täglichen Leben manifestieren. Das
kann sich in Form von Enttäuschungen zeigen

oder von allerlei erfolglosen Unterfangen, die jemanden schließlich dazu bringen, dass er sich der Dharma–Praxis zuwendet, was dann zur letztendlichen Erlangung des erwachten Geistes führt. Aus diesem Grunde dürfen wir uns nicht selbst entmutigen, indem wir denken: „Ich bin nicht glücklich, ich kann keinen Sinn im Leben finden. So vieles hat bei mir nicht funktioniert, ich habe also ein sehr schlechtes Karma!" So sollten wir nicht denken. Natürlich kann gewöhnliches Verdienst bedeuten, dass die Dinge gut für uns laufen und unser Leben erfolgreich ist. Diese vorübergehenden Gewinne im täglichen Leben sind jedoch nicht von Bedeutung. Was zählt, sind die richtigen Umstände und das erforderliche Verdienst, um den Dharma zu praktizieren. Gampopa hat sehr deutlich gesagt, dass die Mittel und Wege, ein solches positives Potential anzusammeln, vollständig von unserem spirituellen Freund abhängen.

DURCH SCHWIERIGKEITEN ERLANGTE POSITIVE RESULTATE

Aus der Biographie von Milarepa geht deutlich hervor, dass er die Erleuchtung nicht erlangt hätte, wenn er nicht während seiner Kindheit durch schlechte Behandlung gelitten hätte. All die Probleme, mit denen er konfrontiert war, ließen ihn nach einem Ausweg suchen, was ihn schließlich zu seinem Lehrer Marpa brachte. Nachdem er diesen getroffen hatte, hörten die Probleme jedoch nicht auf. Marpa war als Lehrer unerbittlich darin, für Milarepa Aufgaben und Herausforderungen zu ersinnen, damit dieser wirkliches Verständnis erlangen konnte. Manch einer mag Marpas Handlungsweise als Quälerei missverstehen, obwohl es sich bei all den Prüfungen und der Mühsal in Wirklichkeit um effektive Mittel handelte, Milarepas Geist zu öffnen, was dessen inneres Verständnis zur vollständigen Verwirklichung des Geistes, der Erleuchtung, führte.

In gleicher Weise sollten wir unsere eigenen Bedingungen und Erfahrungen betrachten, ob gut oder schlecht, und sie nutzen, um mehr über die Funktionsweise unseres Geistes zu lernen. Wir öffnen uns dadurch für die verschiedenen Möglichkeiten im Leben und achten dabei stets darauf, was wirklich zählt. Im Allgemeinen sind wir eher blockiert oder starrsinnig und erwarten, dass die Dinge so und nicht anders sein sollten. Manchmal werden wir von unseren Emotionen behindert, die unsere eigene grundlegende Bedingung darstellen. Wir sollten versuchen zu sehen, dass die Dinge nicht notwendigerweise nur auf eine Weise funktionieren, und den unterschiedlichen Möglichkeiten gegenüber offen sein, die genauso gut, wenn nicht sogar besser sind. Unsere Perspektive und unser Verständnis werden sich dadurch verändern. Gelegentlich können wir den Eindruck haben, wir müssten dieselben Torturen wie Milarepa ertragen, um uns zu reinigen und Verdienst anzusammeln. Auch hier gibt es verschiedene Möglichkeiten für unterschiedliche Individuen und nicht nur einen einzigen Weg. Milarepas Schüler Rechungpa (1083–1161) sowie zahlreiche andere Meister der Vergangenheit mussten keine aufreibenden Herausforderungen durchleben. Was unseren Geist begrenzt ist tatsächlich die Sichtweise, dass es nur einen möglichen Weg gibt. Wenn etwas für andere funktioniert hat, ziehen wir voreilig den Schluss daraus, dass es genau so und nicht anders auch für uns sein müsste.

Der zentrale Punkt in unserer Beziehung zum Lehrer oder Lama, um ein größeres Verständnis unserer selbst zu gewinnen, ist in jedem Fall, dass wir sehr offen sind. Das bedeutet, dass wir in unserem eigenen Geist Raum brauchen. Diesen Raum zu verstehen ist sehr schwierig, da wir von unseren festen Vorstellungen behindert werden und kein Raum für Innenschau vorhanden ist. „Raum" bedeutet hier, die Möglichkeit zu haben, genauer hinzusehen, besser zu verstehen. Wieder können wir auf die Geschichte von Naropas Suche nach Tilopa zurückgreifen, um uns eine Vorstellung davon zu machen. Tilopa manifestierte sich in Gestalt eines Hundes, der eine Wunde hatte, die von Würmern wimmelte. Naropa sah das große Leid des Hundes, versäumte es jedoch, diesem zu helfen, weil er durch sein Verlangen, Tilopa zu finden, völlig blockiert war. In diesem Moment gab Naropa sich zu erkennen und sagte: „Wenn du kein Mitgefühl hat, ist der Lama von keinerlei Nutzen für dich." Auf diese Weise ließ Tilopa Naropa tiefer in sich hineinschauen, damit er sich selbst verstehen konnte. Oftmals sind wir in unserer Denkweise und unserem Verhalten sehr mechanisch. Wir denken beispielsweise, dass wir, wenn wir den Lehrer finden, von diesem Belehrungen erhalten, die Praxis ausführen und schließlich erleuchtet werden. Natürlich ist das auf gewisse Weise zutreffend; wenn wir die uns gegebenen Umstände jedoch nicht gut nutzen, können wir diese Ergebnisse auch nicht erlangen.

Tilopas Lektion für Naropa hat folgende Bedeutung: Ohne wahres Mitgefühl für alle fühlenden Wesen hat der Lama keine wirkliche Bedeutung oder kann seinen Zweck nicht erfüllen. Tilopa vermittelte Naropa genau dieses Wissen, und dieser benötigte die Lektion wirklich. Er meinte nämlich bereits alles zu wissen, da er einer der herausragenden Gelehrten seiner Zeit war. Dennoch verspürte er einen inneren Antrieb, weiter zu lernen, weswegen er nach einem Meister suchte. Tilopa konnte Naropa die zentralen Punkte der Lehre durch zwölf voneinander unabhängige Prüfungen aufzeigen, und nacheinander erkannte Naropa deren tieferen Sinn. Unser eigener Weg mag nicht genau dem Weg Naropas entsprechen, aber anhand dieses Beispiels können wir dennoch ein gewisses Verständnis erlangen.

Am selben Beispiel, in dem Tilopa als Hund erschien, können wir noch eine weitere Lektion lernen. Wir halten diese Erscheinung für unmöglich und bezeichnen sie deshalb als Wunder. Dies zeigt wieder unsere Blockade, denn was wir selbst nicht tun können oder nicht verstehen, muss ein Wunder sein! Bleiben wir jedoch offen, verstehen wir auch, dass aus einem befreiten Geist heraus alles geschehen kann. Dies ist zur Zeit jedoch jenseits unseres Vorstellungsvermögens, weil wir noch in der Illusion befangen sind. Es gibt viele verschiedene Prozesse im Geist. Bestimmte Praktiken und Erläuterungen können uns zu einem größeren Verständnis führen, und genauso bringt unsere Praxis uns dahin. In der Zwischenzeit begnügen wir uns einfach mit dem Bewusstsein, dass der Geist wesentlich mehr Fähigkeiten hat, als wir es gewohnt sind.

Die Natur des Geistes ist sehr tiefgründig und umfassend, und so wird diesbezüglich auch gesagt, dass es schwierig ist, sie zu erkennen. Aber der Ausdruck „schwierig" ist auch nur ein relatives Konzept. Ein erstes Verständnis kann sich entwickeln, wenn wir das Leben der Meister der Vergangenheit betrachten, wie sie praktizierten und wie sie mit ihren eigenen spirituellen Lehrern in Verbindung standen. Ohne dies weiter auszuführen genügt es zu wissen, dass die Beziehung zum Lama sehr stark von der inneren Motivation, der Einstellung und dem Verständnis von Seiten des Schülers abhängt. Das bedeutet aber nicht etwa, dass wir uns niedergedrückt fühlen sollten, weil wir meinen, wir müssten dies oder jenes oder etwas Bestimmtes sein. Es heißt nur, dass wir sorgfältig zuhören und reflektieren sollten, denn dadurch entwickelt sich das Verständnis von selbst. Dies ist wirklich nicht so schwer. Versuchen wir dabei jedoch, zu streng zu sein, werden wir Schwierigkeiten bekommen. Wir können uns nicht über Nacht verändern, selbst wenn wir uns dafür hundertprozentig anstrengen. Wenn wir ohne jeden Druck die Praxis ausführen, werden wir schließlich verstehen, und der Wandel wird sich in uns auf natürliche Weise vollziehen. Die Methode besteht immer aus zwei Schritten: Zuerst entwickeln wir Verständnis oder die richtige Vorstellung, und dann setzen wir unser Verständnis in die Praxis um. Beide Schritte hängen von unserem eigenen Geist und unserer inneren Entschlossenheit ab. Das ist ein sehr wichtiger Punkt, denn er bewahrt uns davor, jemandem blind und ohne Verständnis zu folgen, was sogenanntes blindes Vertrauen wäre. Wir folgen unserem eigenen Verständnis, und so müssen wir selbst sehr klar sein.

EINE AUTHENTISCHE BEZIEHUNG

Die Beziehung zwischen Meister und Schüler hängt davon ab, auf welche Weise der Schüler denkt, versteht und handelt. Es gibt keine strengen Verhaltensregeln, was man tun oder lassen sollte. Alles geschieht recht spontan. Wir können eine Vorstellung davon bekommen, wie das funktionieren kann, wenn wir unseren Umgang mit kleineren Angelegenheiten im täglichen Leben untersuchen. Wir sind Gewohnheitsmenschen. Die geistigen Gewohnheiten sind mit unseren vorgefassten Meinungen und Vorstellungen, ständigen Ablenkungen und allen Arten von Anhaftung vermischt. Diese Gewohnheiten sind ganz natürlich vorhanden, und auch wenn wir noch so sehr versuchen, sie zu entfernen, gelingt es uns nicht, fast als wären sie festgeklebt. Genauso wie unsere Gewohnheiten mit der Zeit für uns natürlich geworden sind, können sie sich auch nur auf natürliche Weise mit der Zeit verändern.

Es gibt ein Sprichwort: „Ein guter Schüler folgt immer dem perfekten Meister." Das bedeutet, dass der Schüler dem von seinem Lehrer vorgelebten Beispiel folgt. Er vollbringt einen Wandel in sich, indem er seinen Lehrer als Vorbild nimmt. In der Vergangenheit Tibets waren die großen Meister selbst einmal Schüler und folgten ihren Lehrern. Ein guter Schüler ist jedoch nicht jemand, der andere nachahmt und ihnen nur oberflächlich folgt. Er ist auch kein Roboter, der mechanisch gehorcht. Ebenso folgt er nicht starr aus einer Verpflichtung heraus, ohne dabei selbst nachzudenken. Genau wie sein Lehrer ruht ein guter Schüler im Dharma als lebendige Erfahrung. Das bedeutet eine grundlegende Haltung, eine Denk– und Verhaltensweise, die völlig mit dem Dharma übereinstimmen, so wie es vom Lehrer vorgelebt wird. Diesem Herzstück der Lehre folgt der Schüler und wendet es Tag für Tag an, so dass es schließlich zu seiner eigenen Natur wird, und daraus entstehen auf natürliche und vollkommene Weise alle Vorstellungen, Haltungen und Handlungen des Schülers. Wenn das geschieht, hat der Schüler die Seinsweise des Meisters in seine eigenen geistigen Gewohnheiten integriert. So wurden große Schüler selbst zu perfekten Meistern.

Viele Jugendliche rauchen, um mit ihren Freunden mitzuhalten. Ist das Rauchen dann erst zu einer Sucht geworden, wird es schwierig, wieder damit aufzuhören. So wie wir schlechte

Gewohnheiten durch den Einfluss unserer Freunde annehmen können, können wir gewiss auch gute Gewohnheiten durch die Beziehung zu unserem spirituellen Lehrer entwickeln. Vollkommen ist eine Beziehung, bei der alle Qualitäten des Meisters auf den Schüler übergehen. Hierfür gab es im alten Tibet zahlreiche Beispiele. Manche denken vielleicht, dass Tibeter grundsätzlich perfekt sind. Das entspricht nicht der Wahrheit, denn sie sind genauso wie andere Völker der Welt. Vollkommenheit entwickelt sich nur bei denjenigen, die einem vollkommenen Lehrer folgen. Selbstverständlich ist das leichter gesagt als getan. Der Schüler muss wirklich durch alle Praktiken korrekt hindurchgehen, bevor dann ganz natürlich die entsprechenden Ergebnisse bei ihm erscheinen.

Aus den genannten Gründen müssen wir uns aufrichtig mit einem authentischen Meister verbinden. Die Beziehung zu ihm ist weder gewöhnlich noch aufregend, und wir machen auch keinen Wirbel darum. In unserem Leben treffen wir oftmals auf Aussagen oder Ideen, die uns aufregend erscheinen. Fasziniert experimentieren wir damit, indem wir auf eine sehr oberflächliche Weise versuchen, auch so zu fühlen oder uns entsprechend zu verhalten. Das ist bei den meisten Menschen gleich. Praktizieren wir den Dharma, sollten wir hingegen, wie Gampopa rät, sehr entspannt und beständig sein, was auch für die Beziehung zum Meister gilt. Wiederum ist unser Ziel, Klarheit zu entwickeln, damit wir anderen helfen können. Im Allgemeinen rezitieren wir am Ende bestimmter

Praktiken einige Verse, die bedeuten, dass wir nun untrennbar vom Lama werden. Dies bezieht sich auf das Erlangen eines spezifischen Geisteszustandes. Der Schwerpunkt liegt hier auf „erlangen" und nicht auf „versuchen". Das Wort „versuchen" impliziert, sich jemandem auf gewöhnliche Weise anzuschließen, was wir aber in diesem Fall nicht wollen. Hier verwirklichen wir tatsächlich das Einssein mit dem Lama.

In *Der kostbare Schmuck der Befreiung* erklärt Gampopa die Ursachen und deren Resultate für *Samsara* und für *Nirvana*. Indem wir diese Verknüpfungen studieren und verstehen, erkennen wir, was zu tun ist und welches die richtige Richtung ist. So bringen wir ganz natürlich auch die angemessene Anstrengung dafür auf. Durch das Verständnis der verschiedenen Faktoren, die positive oder negative Resultate hervorbringen, können wir uns entspannen. Entspannung heißt nicht, nur zu sitzen und ruhig zu sein, sondern wir entspannen den Geist von jeglicher Aufgeregtheit und Bestrebung. Als Folge davon werden wir stabiler. Wenn wir uns unserer inneren Bedingungen nicht bewusst sind, beeinflussen sie uns, so dass wir unser Gleichgewicht verlieren. Das gleiche gilt für unsere Beziehung zum Lama, bei der wir uns entspannen und versuchen sollten, mehr Einsicht zu gewinnen. Wenn wir von Faszination ihm gegenüber erfüllt sind, schafft das eine Anspannung in uns, die uns behindert, auch wenn es durchaus Momente gibt, wo ein Gefühl von Aufregung verständlich ist. Wenn die tiefere Bedeutung der Beziehung offensichtlicher wird, werden wir ruhiger und ausgeglichener. Diese Stabilität wird sich dann ganz von selbst weiterentwickeln.

Ein authentischer Meister hat die letztendliche Wahrheit selbst verwirklicht. Der Guru–Yoga ist eine rasche Methode, um dieselbe Verwirklichung hervorzubringen. „Rasch" meint hier nicht „schnell" wie etwa beim Laufen. Hier bezeichnet es eher eine effektive Methode, die uns befähigt, uns derart mit dem Meister zu verbinden, dass auch wir die Qualitäten der Erleuchtung vervollkommnen. Der tibetische Ausdruck für diese Methode ist *Lame Neljor*, wobei *Nel* „Teil von uns" heißt und *Jor* „das Resultat erreichen". Verwenden wir erneut den Vergleich mit der Sonnenbräune: Um braun zu werden, müssen wir uns der Sonne aussetzen – das ist *Nel* oder unser Mitwirken, das nicht erzwungen sein sollte. Wird unsere Haut braun, haben wir das Resultat erlangt – das ist *Jor*. Um braun zu werden, müssen wir nur in der Sonne sein und warten, ohne jeglichen Druck, irgendetwas tun zu müssen. Wir brauchen weder kleinere noch größere Anstrengungen zu vollbringen; die bloße Natur der Sonne führt dazu, dass wir braun werden. Unsere Beteiligung besteht darin, in der Sonne zu liegen und die Sonnenstrahlen aufzunehmen. In gleicher Weise bedeutet *Neljor*, uns für unsere Buddha–Natur zu öffnen. Alle positiven Eigenschaften sind präsent und wir können deshalb spontan den Segen bekommen. Die verwirklichten Bodhisattvas haben die Fähigkeit, uns zu helfen. Das Resultat besteht darin, dass wir unseren eigenen Geist verstehen. Vielleicht denken wir, dass wir uns selbst bereits verstehen. Wir wissen, dass wir einen Geist haben und einen Namen. Wir meinen, wir wüssten, wer wir sind, aber in Wirklichkeit wissen wir es nicht sehr genau.

Auf einer relativen Ebene praktizieren viele den Guru–Yoga, weil sie die Belehrungen akzeptieren und glauben, was diese sagen. Auf der absoluten Ebene handelt es sich bei der Beziehung zum Lama um eine Beziehung der Untrennbarkeit, bei der der Schüler mit den Qualitäten des Meisters eins wird. Das muss spontan geschehen, denn wenn wir versuchen, dies willentlich zu tun, geht es nicht. Schreiten wir in dieser Hinsicht jedoch einfach weiter voran, wird es funktionieren. Es gibt auch noch weitere wichtige und etwas heikle Punkte zu verstehen, die leicht missverstanden werden können.

Beim Guru–Yoga flehen wir durch ein vierzeiliges Gebet den Meister an, der die Verkörperung des kostbaren Buddha und der drei Erleuchtungsaspekte der Buddhaschaft ist. Wir rezitieren auch folgendes Gebet dreimal oder mehr:

„Kostbarer Lama, ich bete zu dir.
Gib deinen Segen, dass mein Geist seine Ich–
Anhaftung aufgeben kann.
Gib deinen Segen, dass ich Genügsamkeit[24] entwickle.
Gib deinen Segen, dass Gedanken, die nicht mit

---

[24] Dies ist gleichbedeutend mit dem Aufgeben von Anhaftung.

dem Dharma übereinstimmen, nicht in mir entstehen.
Gib deinen Segen, dass ich die ungeborene Natur des Geistes erkenne.
Gib deinen Segen, dass die Illusion sich von selbst auflöst.
Gib deinen Segen, dass die Manifestation den Wahrheitskörper verwirklicht."

Die Essenz dieses Gebets besteht darin, den Segen des Meisters zu erbitten, so dass wir selbst verwirklicht werden. Alle wichtigen Punkte der Lehre werden in diesem Gebet rezitiert. Der Guru–Yoga öffnet uns somit dafür, das notwendige Verdienst anzusammeln, welches entscheidend ist für ein klares Verständnis der Bedeutung dieser Punkte. Eine ähnliche Wirkung wird durch die Praxis eines rituellen Festmahls[25] erlangt. Dieses Ritual ist für gewöhnlich mit einer Guru–Yoga–Praxis verbunden. Demselben Meister, den wir beim Guru–Yoga anrufen, opfern wir ein reichhaltiges Festmahl. Wenn wir beispielsweise den Guru–Yoga auf Milarepa praktizieren, opfern wir diesem anschließend ein rituelles Festmahl. Wir brauchen positives Potenzial, um die wahre Bedeutung hinter den ausführlichen Riten zu begreifen, die für manche Menschen verwirrend sein können. Es handelt sich tatsächlich um wesentlich mehr als nur eine kulturspezifische Tradition, ein Ri-

---

[25] *Ganachakra* auf Sanskrit oder *Tsok* auf Tibetisch. Es handelt sich um ein Ritual und um eine spezifische Praxis des Vajrayana–Buddhismus.

tual oder Gebet. Das Ziel einer solchen Praxis besteht für uns darin, Klarheit zu gewinnen und unsere Verständnisfähigkeit zu vergrößern, was direkt mit unserem Verdienst in Zusammenhang steht.

In unserem täglichen Leben haben wir Vertrauen in viele Dinge und Menschen. Bei einem Auto, das sich in gutem Zustand befindet, vertrauen wir darauf, dass es uns ohne Schwierigkeiten über eine große Entfernung befördert. Wir vertrauen guten Freunden, auf die wir uns verlassen können. Durch diese verschiedenen Arten von Vertrauen haben wir bestimmte Vorteile und positive Gefühle in unserem täglichen Leben. Das Vertrauen in einen Meister unterscheidet sich jedoch davon, denn der Meister bietet uns einen echten Nutzen. Wie die Strahlen der Sonne unsere Haut bräunen, so wirkt der Geist unseres Meisters auf unseren Geist ein, der dadurch eine größere Klarheit entwickelt. Das Ergebnis besteht aus einem wirklichen Verständnis davon, was es bedeutet, wenn wir über *Mögü*, *Depa* oder *Damtsik* verfügen. Diese inneren Qualitäten gewähren uns eine reine Sichtweise und geistige Klarheit. Dadurch können wir wahres Wissen erlangen, was in der Tat von echtem Nutzen ist. Insbesondere werden wir dadurch auch die Qualitäten des Meisters zu schätzen wissen.

Befinden wir uns in der Gegenwart eines hoch realisierten Meisters, haben aber keinen klaren Geist, werden wir nicht erkennen, wer er wirklich ist. Buddha hatte einen Cousin, der sehr gelehrt war, aber kein wirkliches Verständnis des von ihm angesammelten Wissens besaß. Aus diesem Grunde konnte der Cousin keine gute Beziehung zu Buddha aufbauen, den er sogar kritisierte und herausforderte. Es ist unsere Aufgabe, wenn wir bereits Belehrungen erhalten haben, uns auch wirklich um ihre Bedeutung zu bemühen. Wir müssen mit ihnen arbeiten, indem wir uns sorgfältig untersuchen und uns einer Selbstbeobachtung unterziehen. Dann müssen wir die Praxis ausführen und die Methoden anwenden (beispielsweise Meditation und die Praxis des Guru–Yoga). Sie alle haben nur ein Ziel – den Geist von seinen Schleiern zu reinigen. Das Ergebnis kommt ausschließlich und stets als eigene Einsicht.

Es gibt ein Gebet, bei dem wir eingestehen, dass wir seit vielen Lebenszeiten an unsere Art zu sehen und zu denken gewöhnt sind. Wir bitten darum, dass der Meister weiterhin Leben für Leben an unserer Seite sein möge, bis wir die Erleuchtung erlangt haben. Natürlich bitten wir auch um das Erlangen der Erleuchtung, dies ist jedoch ein Langzeitziel. Die meisten von uns sind ungeduldig, wir wollen sofort Resultate sehen, sonst verlieren wir das Interesse. Wir arbeiten gerne an etwas, bei dem wir schnell Resultate erkennen. Das betrifft alles, was wir tun. Folgen wir jedoch dem Dharma und studieren unter einem Meister, besteht unsere Verpflichtung immer weiter und endet erst, wenn wir erleuchtet sind. Daneben wünschen wir uns auch, weiterhin auf gute Weise leben zu können, also ein vollkommenes Leben zu führen. Ein vollkommenes Leben ist ein Leben, in dem wir mit dem authentischen Meister verbunden und nicht vom Dharma getrennt sind. Wir wünschen uns, Leben für Leben bis zur Erleuchtung mit dem Meister verbunden zu bleiben, denn durch diese Verbindung werden wir das gesamte Wissen des Dharma erlangen. Im letzten Kapitel des Buches *Der kostbare Schmuck der Befreiung* von Gampopa wird dies ausführlich erklärt.

Immer wieder wird empfohlen, sich während der Praxis zu entspannen. Das bedeutet jedoch nicht, sich im gewöhnlichen Sinne zu entspannen, nämlich einfach nur zu sitzen und zu warten. Entspannung bedeutet, mit weniger Druck ein Resultat erlangen zu wollen oder zu erwarten. Im Wissen, dass die Erleuchtung ein Langzeitziel ist, lernen wir zu entspannen und uns die Zeit zu nehmen, einen immer tieferen Einblick in die angeborene Funktionsweise des Geistes zu gewinnen. Diese Innenschau verlangt einen gewissen Grad an Freiheit vom Einfluss der Unwissenheit und Verwirrung, und sie ist zugleich völlig unabhängig vom Alter, von weltlichem Wissen oder Intelligenz. Jeder von uns hat die Möglichkeit, seine eigene grundlegende Natur zu erkennen. Was zählt ist unsere innerliche Vorbereitung. Glaube und Hingabe entwickeln sich zwar ganz natürlich, wir benötigen jedoch eine Vorbereitung, da unser Geist zur Zeit von unseren gewohnheitsmäßigen Tendenzen, emotionalen Verstrickungen und der Verdunkelung durch Konzepte verschleiert ist. Diese in der Unwissenheit wurzelnden negativen Bedingungen sind ein weites Gebiet der

Dharma–Studien, sind in unserem jetzigen Zustand aber nicht so leicht zu erfassen. Es ist jedoch mit Sicherheit im Bereich unserer Möglichkeiten, denn wir besitzen das Potenzial zu verstehen. Bereits durch die Praxis des Guru–Yoga und die Verbindung zum Wissen des Meisters gelangen wir zur Klarheit und Reinheit des Geistes.

Der Lama kann uns zeigen, wie wir uns von unseren Schleiern befreien können, und die hauptsächliche Methode hierfür ist Meditation. Es braucht eine gewisse Zeit, die Essenz des Geistes verstehen zu können, und wir brauchen dafür Hilfe. Es erübrigt sich zu wiederholen, dass wir gewisse Vorbereitungen dafür durchlaufen und an uns selbst arbeiten müssen. Die gute Nachricht ist, dass wir dazu in der Lage sind. Dies führt uns wieder zu den Qualitäten *Mögü*, *Depa* und *Damtsik*, die wir in uns nähren sollten. Diese Qualitäten reinigen unseren Geist und schaffen Raum für ein tieferes Verstehen. Als Folge davon werden wir fähig, uns mit einem wahren Meister und seiner Verwirklichung zu verbinden. Wir bemühen uns also, zu diesem Punkt zu gelangen, was auf jeden Fall möglich ist.

Das zentrale Anliegen des Dharma besteht darin, unseren Geist erkennen zu lassen, dass es notwendig ist, anderen zu helfen, und dies dann auch zu tun. Nachdem wir die Erklärungen vom Lama erhalten haben, wenden wir sie in der Praxis an. Wir arbeiten an einer Verbesserung unseres Verständnisses, indem wir es in unserem täglichen Leben erproben. Nach und nach wird uns die Bedeutung des Dharma klarer, und wir setzen dieses Verständnis um, indem wir anderen zur Seite stehen.

Von Laienpraktizierenden als Mitglieder der Gesellschaft wird nicht erwartet, dass sie alles aufgeben. Bezüglich unserer inneren Einstellungen sind wir jedoch frei, und diese können mit dem Dharma in Übereinstimmung gebracht werden. Wenn Sie genau hinsehen, werden Sie erkennen, dass wir alle miteinander verbunden sind. Selbst wenn Sie für sich selbst arbeiten, werden die Auswirkungen Ihrer Arbeit unausweichlich auch andere betreffen. Nehmen Sie als Beispiel die Verbindung zwischen Eltern und Kindern, oder zwischen Lehrern und Studenten, und beobachten Sie, wie diese sich gegenseitig beeinflussen. In gleicher Weise prägen uns die Qualitäten des Meisters. Wenn wir mit unserem persönlichen Ausmaß an Verständnis am täglichen Leben teilnehmen, werden auch wir andere beeinflussen. Das bedeutet nicht, dass wir deshalb stolz sein sollten, sondern wir sollten eine Haltung einnehmen, die echt und mit dem Dharma verbunden ist, ohne dass wir selbstgefällig sind. Dies kann nicht oft genug betont werden. Wenn wir im Kontakt mit den anderen ehrlich und natürlich sind, vermitteln wir die Botschaft des Dharma und bringen Menschen in Kontakt damit. Dann sind auch wir Boten des Dharma.

Doch Vorsicht ist geboten, denn wieder klingen die Worte einfach, doch wenn wir denken, dass wir ein Lehrer für andere sind, werden wir schnell Stolz entwickeln. Aus dem gleichen

Grund sollten wir uns nicht wie der Lama kleiden oder seine Eigenarten annehmen, sondern
ganz natürlich wir selbst sein, so wie jetzt auch,
und unser Verständnis in unserem Alltag anwenden. Sind Sie jedoch Eltern, dann können
Sie für Ihre Kinder wie ein Lama sein. *Lama* bezeichnet jemanden, der die rechte Botschaft
überbringt und die richtige Richtung weist. Es
gibt in unserer Welt viele Probleme, die aus falschen Sichtweisen und irreführenden Mitteilun-
gen entstehen. Wir können die Welt nicht
ändern, aber wir können uns selbst und unser
Leben verändern. Deshalb hat Buddha gelehrt,
dass man bei sich selbst anfängt. Dafür bereiten
wir uns zuerst einmal vor. Wir lernen sorgfältig
von einem authentischen Meister, der die Übertragung einer authentischen Linie erhalten hat.
Ganz natürlich werden auch wir dadurch die
richtige Botschaft weitergeben. Auf diese Weise
breitet sich unsere Hilfe auf alle diejenigen um
uns herum aus, die schwierige Zeiten und Umstände erleben.

DIE BEDEUTUNG DER PRAXIS

Wenn wir versuchen, anderen zu helfen, bemerken wir, dass das nicht so einfach ist. Der
Dharma und die Sangha können uns dabei eine
Orientierungshilfe sein. Wir durchlaufen den
gesamten Prozess des Hörens von Belehrungen,
der Reflexion und der Praxis. Wir versuchen uns
unserer Erfahrungen, Vorstellungen und ge-
danklichen Prozesse klar bewusst zu sein.
Schließlich reinigen wir die Unwissenheit in un-

serem Geist, unsere Neigungen und störenden Gefühle. Ein rein begriffliches Verständnis ist jedoch nicht ausreichend. Aus diesem Grunde haben die Meister der Vergangenheit die Notwendigkeit betont, das, was wir gelernt haben, auch zu praktizieren. Nur dann kann sich von selbst ein wahres Verständnis, das nicht auf Konzepten beruht, in uns entwickeln, und wir sind in der Lage, durch unser eigenes Erkennen mit diesem Verständnis zu arbeiten. Wenn das geschieht, brauchen wir nicht mehr zu fragen, was wir tun sollen. Ein wirklicher Wandel erfordert aber mehr als nur das Streben danach, und es braucht mehr als bloße Kraft, um sich zu verändern. Tatsächlich ist für wahres inneres Verständnis die Praxis nötig, so dass der Wandel auf natürliche Weise von innen heraus geschehen kann.

Die Praxis bietet uns einen weiteren Vorteil, nämlich zu lernen, wie wir mit unseren leidbringenden Emotionen umgehen können. Im Augenblick wissen wir vielleicht, wie wir zeitweise Abstand davon gewinnen und so den Leidensdruck verringern können. Emotionen tatsächlich zu verstehen und effektiv mit ihnen zu arbeiten ist aber sehr schwierig. Einen Weg des Umgangs mit den Emotionen werden wir nicht in intellektuellen oder komplizierten Vorstellungen finden, sondern die Lösung zeigt sich uns ganz spontan bei Ereignissen unseres Lebens. In den Belehrungen wird oft in aller Ausführlichkeit über dieses Thema gesprochen, aber bei der Praxis kann eine einfache Antwort auch plötzlich und spontan auftauchen. Dies lässt sich am Beispiel des Tötens von Mücken verdeutlichen, was man als Buddhist eigentlich nicht tun sollte. Solange bis echtes Mitgefühl in uns entsteht, sind wir aber ungern von Mücken umgeben. Selbst ein relativ freundlicher Mensch kann es sich kaum verkneifen, nach ihnen zu schlagen, wenn sie sich auf ihm niederlassen. Mitgefühl entsteht aus einem wahren Verständnis der Natur aller Lebewesen. Hat man dieses einmal erlangt, tötet man keine einzige Mücke mehr, selbst wenn man darum gebeten wird. Dasselbe gilt für negative Gefühle wie Begierde, Stolz, Eifersucht, Zorn, usw. Wir alle wissen, dass sie Leid verursachen, können aber nicht anders, als diese Gefühle zu haben. Dies zeigt uns, dass wir den Kernpunkt noch nicht begriffen haben. Andererseits können wir ein Verständnis aber auch nicht erzwingen. Es ist nicht so einfach wie die Batterie einer Taschenlampe zu ersetzen, damit die Lampe wieder funktioniert. Die Antwort sollte aus unserem eigenen Verständnis erwachsen. Und Buddha hat erklärt, dass dieses Verständnis durch Meditation hervorgebracht werden muss.

Meditation ist ein durchaus gebräuchliches Wort, denn heutzutage gibt es zahlreiche verschiedene Methoden und Anwendungen von Meditation. Es ist jedoch wichtig, das Ziel buddhistischer Meditation zu kennen. Im Moment können wir durchaus klar sehen, hören und lesen – doch unser Verständnis ist auf gewisse Weise blockiert. Wir können nicht tun, was wir wollen. Meditation zielt darauf hin, unsere Blockaden zu lösen, damit wir richtig funktionieren können.

Unseren Kindern oder Freunden können wir auch dadurch helfen, dass wir ihnen die richtigen Botschaften weitergeben. Damit wir das tun können, müssen wir selbst frei von inneren Störungen sein, da diese unseren Geist trüben. Sind wir innerlich klar, wissen wir genau, was wir sagen und tun müssen. Manchmal jedoch, wenn wir etwas wollen und dabei auf Hindernisse stoßen, tauchen unsere störenden Gefühle auf. Hier können wir erneut versuchen, die Dharma–Belehrungen anzuwenden, um in dieser Situation zu mehr Klarheit zu gelangen. Je öfter wir das tun, umso klarer werden wir mit der Zeit. Es handelt sich um einen schrittweisen Prozess. Wenn wir die Lehren anwenden, sollten wir nicht nur an den Begriffen und Prinzipien haften, sondern eher versuchen, die Bedeutung hinter den Worten zu erfassen. Lassen Sie sich nicht von den buddhistischen Vorstellungen blockieren, sondern dringen Sie in deren wirkliche Bedeutung ein, um ein wahrhaftiges und rechtes Verständnis zu entwickeln. Nur durch dieses ungetrübte Verständnis kann unsere Kommunikation mit anderen unverfälscht und natürlich sein. Und dann sind auch wir authentisch. So haben wir selbst und andere automatisch einen Nutzen davon. Wir müssen nicht darauf warten, perfekt zu sein, bevor wir anderen helfen können. Der buddhistische Pfad ist eine stete Entwicklung voller Leben, und in dem Maße, wie wir lernen und Fortschritte machen, werden wir von selbst für andere nützlicher und hilfreicher. Das genau ist die

Integration der Lehren in das tägliche Leben.
Wenn wir soviel wie möglich auf diese Weise im
Alltag praktizieren, wächst unser Verständnis,
und ein Fortschritt findet mit Sicherheit statt.

Wir haben stets den Eindruck, wir müssten
uns zur Praxis zwingen. Aber auch ohne jeglichen Druck können wir Meditation praktizieren,
um Klarheit im Geist zu entwickeln. Besonders
im Vajrayana–Buddhismus besteht die Praxis aus
weit mehr als der formellen Meditation im Sitzen. Wir praktizieren mit allen Hilfsmitteln, die
wir, wie bereits erläutert, durch die Zuflucht,
den *Yidam* und den Lama haben. Die Kraft dieser Stützen hängt allerdings von unserem inneren Zustand ab. Eine Stütze bedeutet, sich mit
Buddha, mit dem *Yidam*, den Meistern der Linie
und unserem Lama, mit all denen, die die perfekten Qualitäten besitzen, zu verbinden. Während der Praxis befinden wir uns in ihrer
Gegenwart. Es wird oft erwähnt, dass wir untrennbar von ihnen sind, und in diesem Gewahrsein meditieren wir. Was zählt, ist nicht die
Dauer der Meditation, sondern unsere Präsenz.
Ob wir nun 10 oder 30 Minuten meditieren,
oder sogar mehrere Stunden lang – wichtig ist,
dass wir achtsam sind und mit den Qualitäten
der Erleuchtung verbunden. Während der Meditation so durch unsere Achtsamkeit verbunden
zu bleiben ist der Schlüssel, genauso wie das Verweilen in der Sonne die Voraussetzung ist, um
braun zu werden. Der Unterschied zwischen
einer Meditation und dem Bräunen der Haut besteht darin, dass wir bei der Meditation nicht
warten müssen, um ein Ergebnis zu sehen, Zeit

dabei also keine Rolle spielt.

Das Problem ist unser Hoffen auf ein Resultat. Selbst wenn es unabsichtlich geschieht oder nicht offensichtlich für uns ist, erwarten wir unbewusst immer etwas. Sobald wir ein Zeichen wie eine bestimmte Erscheinung oder eine Empfindung bemerken, sind wir glücklich. Solche Zeichen sind jedoch nicht von Bedeutung. Es sollte uns bewusst sein, dass diese Art des Greifens ständig stattfindet, denn nur dann halten uns diese Neigungen nicht auf.

Wir müssen die Gewissheit haben, dass wir die Buddha–Natur besitzen und Segen erhalten können. Durch dieses Vertrauen wird unser Geist fähig, mit den Qualitäten der Erleuchtung vereint zu sein. Unsere Praxis wird dann spontan und natürlich. Meistens denken die Menschen, dass Segen eine Empfindung sei, oder eine Vision, usw. Doch die Biographien der vergangenen Meister wie Gampopa oder Milarepa zeigen deutlich, dass Segen keine Empfindung ist, und dass Auswirkungen in Form von Empfindungen nicht so wichtig sind. Sie können positiv sein, sind aber ganz normal und nichts Besonderes. Bei fehlender Achtsamkeit verfangen wir uns in solchen Zuständen. Erkennen wir deutlich, dass alles ganz normal ist, können wir stetig und natürlich vorankommen.

Wenn wir uns wünschen, nützlich oder hilfreich zu sein, oder versuchen, unser Bestes zu geben, kann es durchaus vorkommen, dass wir in Schwierigkeiten geraten. Suchen wir daraufhin in den Belehrungen nach Rat, stoßen wir auf Methoden, wie wir diese Schwierigkeiten auflösen können. „Methoden" bezeichnet hier ein klares Verständnis, eine Handlungsweise und die Fähigkeit zu erkennen, was eigentlich von Bedeutung ist. Wir lassen uns dann nicht mehr von unseren Projektionen leiten. Wir brauchen aber Entspannung, um zu erkennen, was wirklich von Nutzen ist. Dies ist das Ziel des Dharma, und wir erreichen es dadurch, dass wir ihn praktizieren. Angesichts unserer Anhaftung und Projektionen ist dies vielleicht jetzt noch schwierig für uns. Wir versuchen jedoch, nach und nach zu begreifen, worum es geht, und gelangen so mit der Zeit zu einem besseren Verständnis.

Schlussbemerkungen – Alles hängt von uns selbst ab

Es kann nicht genug betont werden, wie wichtig es ist, jeden Tag in der erleuchteten Geisteshaltung verankert zu sein, denn der daraus erwachsende Nutzen ist unendlich groß. Durch *Bodhicitta* entsteht eine Ansammlung von positiver Kraft in unserem Geistesstrom, die das Potenzial unseres Geistes vollständig zur Reife bringen kann, so dass wir letztendlich die Erleuchtung erlangen. Obwohl nicht wirklich greifbar, ermöglicht es dieses Verdienst uns, besser zu leben. Positives Karma entsteht aus einem positiv gestimmten Geist, der in der erleuchteten Geisteshaltung ruht. Das bedeutet, dass *Bodhicitta* unser Karma direkt beeinflusst. Aus diesem Grunde wird in den Belehrungen die Entwicklung von *Bodhicitta* immer wieder hervorgehoben. Gleichzeitig handelt es sich nicht um etwas Neues, das wir uns erst aneignen oder erlernen müssten, sondern wir haben bereits das Potenzial in uns und brauchen es nur zu entwickeln. Damit wir den Erleuchtungsgeist wirklich verstehen, muss er uns allerdings erklärt werden. Es handelt sich dabei um eine uns innewohnende Fähigkeit. Der Ausdruck *Bodhicitta* mag seltsam klingen, so dass wir verwirrt oder unsicher sein können, was zu tun ist. Sollte dies der Fall sein, können wir auch an positiven Einfluss oder gute Bedingungen denken. Im Allgemeinen neigen wir dazu zu glauben, dass alles für uns gut liefe und wir gesund, glücklich und wohlauf wären, wenn nur die äußeren Bedingungen günstig wären. Hingegen ist es tatsächlich unsere innere Einstellung, die die äußeren Situationen bestimmt. Ist unser Geist befleckt oder negativ, verläuft alles weniger glatt, und die Dinge scheinen mehr auf uns zu lasten. Ist unser Geist indessen positiv ausgerichtet, sind die äußeren Umstände entsprechend günstig.

Eine positive Einstellung entsteht aufgrund eines bestimmten Grades an Bewusstheit im Geist. Erachten wir alle fühlenden Wesen für genauso wichtig wie uns selbst und als grundsätzlich von gleicher Natur wie wir, hat dies einen positiven Einfluss auf uns. Ein Verständnis der Gleichheit aller Lebewesen entsteht durch Verdienst und führt dazu, dass wir anderen selbst bei kleinsten Dingen hilfreich und nützlich zur Seite stehen. Was immer an Gutem durch uns entsteht – wir behalten es nicht für uns selbst, sondern widmen es wiederum dem Wohle aller. Auch wenn wir uns nicht vollständig dem Wohlergehen anderer widmen können, so können wir zumindest die sich bietenden Gelegenheiten

für positives Wirken erkennen und dann entscheiden, dementsprechend zu handeln. Bisher
waren wir uns nicht des wahren Wesens der
Dinge und ihrer Bedeutung bewusst. Haben wir
diese jedoch verstanden, erkennen wir viel deutlicher, wie wir auf eine Weise handeln können,
die anderen nutzt. Durch unsere positiven
Handlungen sammeln wir dann Verdienste an.
Positive Handlungen sind immer Folge positiven Denkens. Und positives Denken besteht
darin, nicht nur einigen wenigen Menschen,
sondern allen Lebewesen ohne Ausnahme nutzen zu wollen. Durch ein genaues Verständnis
ihrer Bedingungen werden wir fähig, spontan
auf positive Weise zu handeln.

Um dieses genaue Verständnis zu erlangen,
durchlaufen wir einen bewährten Lernprozess.
Dieser beginnt mit dem Hören von Belehrungen, dann folgt die Reflektion über deren Bedeutung, und schließlich handeln wir
entsprechend dieser Bedeutung. Das Resultat
besteht aus einer größeren Klarheit des Geistes.
Auf diese Weise führen wir unser bereits vor-
handenes inneres Potenzial zur Reife, was uns
ein noch besseres Verständnis ermöglicht, nämlich ein präzises Erkennen der Bedingungen der
Lebewesen, und so können wir ihnen dann auch
helfen.

Wir können die Gültigkeit der buddhistischen Lehren in unserem Alltag überprüfen.
Wir sollten nicht meinen, aus einer Verpflichtung heraus handeln zu müssen, einer Strafe zu
unterliegen oder einzig aus Eigennutz zu handeln. Wenn wir *Bodhicitta* umsetzen, erkennen

wir dessen Bedeutung: Wir sind alle gleich in dem Sinne, dass für uns dieselben Bedingungen gelten. Das ist durchaus nicht die Art und Weise, wie wir zur Zeit die anderen wahrnehmen.

Mit *Bodhicitta* im Geist versuchen wir anderen Lebewesen in praktischen Situationen zu helfen. Wenn beispielsweise jemand auf uns zukommt, um Hilfe zu erbitten, neigen wir sonst dazu, die Situation zunächst abzuschätzen, um zu erkennen, ob eine Hilfe auch berechtigt wäre. Wenn wir der Meinung sind, dass es dem anderen besser geht als uns selbst, reagieren wir eher ablehnend. Dieser Impuls kann durchaus auftauchen, oder auch das Gefühl, dass wir nicht helfen möchten. Natürlich sollten wir uns in diesem Fall nicht dazu zwingen, sondern können stattdessen versuchen, auf eine für uns vertretbare Weise zu reagieren. Selbst die kleinste Hilfe kann der betreffenden Person ein Gefühl von Unterstützung oder Erleichterung geben. Es ist in jedem Falle wichtig, dass wir versuchen offener zu werden, denn dies ist notwendig, um wirklich die Bedeutung von *Bodhicitta* zu erfassen. Durch Nachdenken können wir unsere eigene Motivation genauer erkennen. Das könnte uns aufwecken und zu der Entdeckung führen, dass unsere Einstellung in Wirklichkeit negativ ist: „Ich möchte dies nicht tun; ich fühle mich nicht gut; ich kann das nicht tun." Diese Gedanken können auftauchen, sie sind jedoch nicht von Bedeutung. Wir können sie vorbeiziehen lassen und dann versuchen zu erkennen, was in einer bestimmten Situation wirklich wichtig ist.

Dadurch kann eine Schwierigkeit oder Komplikation für uns vereinfacht oder geklärt werden,
und es wird offensichtlich, was wir zu tun
haben. Nun müssen wir allerdings nicht Ausschau danach halten, anderen zu helfen oder
nicht zu helfen, und wir müssen nichts vor seiner Zeit entscheiden. In einer gegebenen Situation sind wir in der Lage, nicht bei unseren
momentanen Gedanken, Einstellungen oder
Geisteszuständen stehenzubleiben. Durch die
Praxis werden wir schrittweise zu einem Verständnis der Gleichheit aller fühlenden Wesen
gelangen, und es ist ausschlaggebend, dass wir
dies wirklich durch unsere eigene Erfahrung entdecken.

Durch einen klaren Geist, der auf die
Bodhicitta-Einstellung ausgerichtet ist, werden
wir geerdet und gefestigt. Weil wir die Dinge
nicht nur oberflächlich sehen, sondern ganz klar
verstehen, sind wir nicht länger verwirrt, zer-
streut oder hilflos. Dies ist eine der Auswirkungen der Entwicklung von Weisheit. Weisheit
bedeutet nicht, einen ruhigen Geist zu haben,
sondern es handelt sich um einen äußerst klaren
Geist, der alles versteht. Da der Geist klar ist,
kann er nicht abgelenkt werden. Schon diese
Tatsache bedeutet, weniger zu leiden. Bis zum
Erlangen der Buddhaschaft werden noch verschiedene Arten von Leid auftauchen, die uns jedoch nicht aufhalten können, weil die Klarheit
des Geistes oder die Weisheit sich zunehmend
entwickeln. Um ein solches Ergebnis zu erzielen, müssen wir auf dem gesamten Weg aufrichtig in der erleuchteten Geisteshaltung verankert

sein und sollten Meditation und die Anwendung von *Bodhicitta* regelmäßig praktizieren. So
werden stufenweise auch die entsprechenden
Resultate eintreten.

Auf unserem Weg sollten wir jegliche Gelegenheiten und Umstände sowie die Beziehungen zu anderen nutzen. Wir denken nach,
wenden unser Wissen an und versuchen ernsthaft, uns der *Bodhicitta*–Einstellung zu ver-
pflichten. Stück für Stück nimmt unser
Verständnis zu und wir werden klarer. Entsprechend wächst auch unsere Fähigkeit, anderen zu
helfen. Ohne ein richtiges Verständnis wissen
wir derzeit, selbst wenn wir helfen möchten,
nicht genau wie, und zudem geraten uns unsere
Emotionen immer wieder in die Quere. Deshalb bemühen wir uns hier und jetzt wirklich
darum, unsere Fähigkeiten zu vergrößern. Um
Klarheit zu entwickeln, müssen wir nicht in Ab-
geschiedenheit leben. Sind unsere Anstrengungen und Handlungen von einer guten
Motivation getragen, werden sich unsere Bedingungen verbessern: die Ansammlung von Verdienst, der Zustand unseres Geistes und unser
Verständnis der Dharma–Belehrungen. Alles ergibt mehr Sinn, und darüberhinaus fühlen wir
uns mit uns selbst wohler. Unser Geist ist friedlich und voller Freude, und wir sind bereit, zum
Wohle anderer zu wirken. Dadurch gewinnen
wir weiteres Verdienst, das unsere Fähigkeit zu
verstehen und zu helfen wiederum verstärkt.

Nun fragen Sie sich vielleicht, ob diese erleuchtete Geisteshaltung wirklich derart wichtig ist. Ein
solches Widerstreben kann schwanken, manch-

mal stärker, manchmal schwächer sein. Wenn es auftaucht, sollten Sie über die grundlegende Bedeutung von *Bodhicitta* und über Ihren aktuellen Geisteszustand nachdenken. Fragen Sie sich, was den Vorrang hat. Dies hilft dabei, den Geist zu klären, um mit der gerade vorliegenden Situation arbeiten zu können. Sonst bekommen Sie den Eindruck, dass Sie nicht in der Lage dazu sind, oder Sie fühlen sich unter Druck, auf eine bestimmte Weise zu handeln. Denken Sie jedoch nach, ist die Antwort bereits vorhanden, selbst wenn Sie unfähig sind, dementsprechend zu handeln. Mit der Zeit werden Sie aber fähig, so zu handeln, wie es Ihnen angemessen erscheint. Dies verlangt nicht von Ihnen, Ihre gewohnten Wege aufzugeben; diese werden sich entsprechend der Einsichten, die Sie haben, natürlicherweise anpassen und verändern. Aus diesem Grunde ist Reflektion so wichtig, nämlich um wirklich die Wahrheit der Dinge zu erkennen. Es ist der einzige Weg, sich von Gewohnheiten und Konzepten zu befreien, diesem rigiden mentalen System, das so viel Leid hervorruft. Es ist nicht einfach, die Situationen des täglichen Lebens mit den Richtlinien von *Bodhicitta* in Einklang zu bringen. Durch beständige Bemühung und Praxis werden wir jedoch fähig, damit zu arbeiten.

Manchmal wird der Begriff „Verdunkelung durch Wissen" missverstanden und dahingehend gedeutet, dass Wissen vermieden werden sollte, was aber überhaupt nicht der Fall ist. Es geht eher darum, dass wir nicht fähig sind, mit dem, was wir gelernt haben, zu arbeiten. Dies ist ein wichtiger Ausgangspunkt für unsere Reflektion und wird zur Klärung von allerlei Verwirrung beitragen. Man kann beispielsweise das Handwerk und Wissen eines Philosophen, Architekten, Arztes oder Technikers erlernen. Im eigenen Fachbereich sind wir womöglich sehr bewandert, müssen aber gleichzeitig achtgeben, dass das Fachwissen den eigenen Standpunkt nicht einengt oder uns letztlich sogar blockiert. Mit anderen Worten sollten wir unser Wissen mit einem gewissen Abstand betrachten.

Ein klarer Geist neigt nicht dazu, Dinge zu verkomplizieren. Er führt auch keine schädlichen oder verwirrenden Ergebnisse herbei. Aber ein klarer Geist kann nur durch sorgfältiges Nachdenken entwickelt werden. Jeder einzelne von uns hat bei seiner Erziehung eine Menge an Wissen vermittelt bekommen. Trotzdem spüren wir, dass es noch mehr gibt. Bei sorgfältiger Untersuchung werden wir unausweichlich feststellen, dass es die Wahrheit ist, die fehlt. Dies ist der Grund, warum einige Menschen sich dem Buddhismus zuwenden. Die Wahrheit ist nicht etwas Fremdes, was von außen kommt. Schauen Sie nach innen, und Sie werden sie finden. Wenden Sie den Dharma in den Situationen Ihres Alltags an. Im Umgang mit anderen schärfen Sie Ihr Wissen, und so werden Sie fähig, mit Weisheit zu handeln. Die Entwicklung von Weisheit geschieht schrittweise und ist nicht einfach, aber dennoch sehr wichtig.

Ein Praktizierender übt regelmäßig Meditation aus, um schließlich die Buddha–Natur zu verstehen. Dieses Verständnis vollzieht sich auf einer anderen Ebene und kann die Illusion oder

Unwissenheit auflösen und zur Erlangung von Weisheit und einem erwachten Geist führen. Viele Menschen ziehen sich für lange Zeit in Klausuren zurück, um dieses letztendliche Resultat zu erlangen. Die dafür verwendeten Methoden sind die Praxis von Mitgefühl, Guru–Yoga oder eine *Yidam*–Praxis. Wenn wir diese Praktiken in der rechten Art und Weise ausführen und uns dadurch vorbereiten, kommt es schließlich von selbst zu den entsprechenden Ergebnissen. Wir müssen nur die notwendige Anstrengung aufbringen. Wir können nicht darauf warten, dass sich das Resultat bei uns von selbst einstellt, und genau aus diesem Grunde folgen wir den Praxisanweisungen. Während der Ausübung einer Praxis kann es jedoch eine andere Art von Verständnis geben. Die Geschichte vom Treffen Seiner Heiligkeit des 16. Karmapa mit einem indischen Lehrer kann diesen Punkt veranschaulichen.

1972 begab ich mich mit Seiner Heiligkeit Karmapa auf eine Pilgerreise nach Indien. Wir besuchten Bodhgaya und einige heilige Stätten in Südindien. In Bombay erhielt der Karmapa eine Einladung eines bekannten indischen Hindulehrers, die er gerne annahm. Wir fuhren in dessen Ashram in einem kleinen Dorf namens Ganeshspur. Viele Menschen kamen zu den Belehrungen. Während einer Pause hielten sich Karmapa und der indische Lehrer mit einigen Schülern in einem Raum auf. Sie unterhielten sich zwanglos, als der indische Lehrer Karmapa bat: „Könnten Sie uns ein Wunder demonstrieren?" In Indien gelten Wunder als äußerst wichtig, da sie die Verwirklichung des Geistes aufzeigen. In der Vergangenheit waren hohe Meister wie Tilopa oder Naropa in der Lage, ihre Erkenntnis des Geistes durch das Vollbringen von Wundern sichtbar zu machen. Karmapa antwortete: „Heute nicht, aber morgen während der Zeremonie der Schwarzen Krone." Niemand sagte etwas. Wie die anderen dreißig Personen, die den Karmapa begleiteten, ging auch ich davon aus, dass er uns sicher am nächsten Tag etwas Besonderes zeigen würde!

Am nächsten Tag vollzog Karmapa für etwa sechshundert Personen, von denen die meisten Inder waren, die Zeremonie der Schwarzen Krone. Wir waren alle sehr aufmerksam, bemerkten aber nichts anderes als die gewöhnlichen Rituale, die bei der Zeremonie ausgeführt wurden. Anschließend war der indische Lehrer, der mit uns zusammen der Zeremonie beiwohnte, von der Verwirklichung Seiner Heiligkeit aber vollständig überzeugt. Für ihn war während der Zeremonie etwas geschehen, das ihn zu dem Glauben führte, Karmapa habe die im Hinduismus höchste Verwirklichung erlangt – die Erleuchtung.

Diese Geschichte zeigt uns, dass es von den individuellen Fähigkeiten abhängt, ob wir eine präzise Erkenntnis einer bestimmten Bedeutung haben oder nicht. Die Zeremonie der Schwarzen Krone ist sehr tiefgründig, denn sie führt uns in die Verwirklichung des Geistes ein. Damit dies aber geschehen kann, muss jeder einzelne die nötigen Voraussetzungen vereinen und die entsprechenden Vorbereitungen ausführen. Das heißt also, dass der Praktizierende von seinem Lehrer immer genau die Bedeutung übertragen bekommt, die seinen Fähigkeiten entspricht. Manche können direkt nach Erhalt der Belehrungen Verwirklichung erfahren, während andere längere Zeit dafür brauchen. Das verdeutlicht auch die Tatsache, dass Wunder und Erscheinungen nicht von Bedeutung sind. Was zählt ist, dass wir uns darauf konzentrieren, mit unserem Geist zu arbeiten. Wir bemühen uns, damit unser inneres Potenzial zur Reife gelangen kann. So wie Naropa seinen Lehrer nicht finden konnte, bevor er nicht die notwendigen Vorbereitungen durchlaufen hatte, werden auch wir die Wahrheit nicht erkennen, solange wir nicht an uns selbst arbeiten und die notwendigen Praktiken ausführen.

Alle Unterweisungen und Erläuterungen sind sehr wichtig. Manchmal haben wir den Eindruck, dass wir etwas ganz Besonderes erfahren werden, und dann verläuft alles wie gewöhnlich, und selbst die Begegnung mit einem hohen Lehrer bringt uns nicht voran. Naropa suchte überall vergeblich nach Tilopa, der in Wirklichkeit bereits da war und ihm folgte. Auf sehr geschickte Weise führte Tilopa Naropa zur Erkenntnis der wichtigsten Themen wie *Bodhicitta* oder Hingabe, und er bewies ihm, dass es keinerlei Verwirklichung mit sich brachte, einem Lehrer hinterherzulaufen. Die Realisation muss von innen kommen, durch Innenschau, Anwendung der Lehren und ihre Integration in das eigene Verständnis.

Alles hängt von unserer Vorbereitung und

unseren eigenen Bemühungen ab. Aufgrund der Tatsache, dass wir der Illusion unterliegen, versuchen wir oftmals, auf eine bestimmte Weise zu sein oder zu handeln, verstehen aber nicht wirklich genau, worauf es ankommt. Dieses erfordert die richtige Vorbereitung. Wir müssen nicht notwendigerweise komplexe oder schwierige Situationen durchleben. Im Gegenteil, wenn wir sorgfältig praktizieren und an uns arbeiten, können wir durch sehr einfache und gewöhnliche Situationen auf präzise und natürliche Weise die Bedeutung der Belehrungen verstehen. Alle Vajrayana–Belehrungen stimmen in diesem Punkt überein. Es gibt großartige und tiefgründige Begriffe; versuchen wir aber danach zu greifen, verfehlen wir ihre innerste Bedeutung. Manch einer hält die buddhistischen Belehrungen für unwirksam, nur weil er sich die Grundlage dafür noch nicht erarbeitet hat. Wir beginnen immer mit der erleuchteten Geisteshaltung, da sie alles klären kann. So verstehen wir dann die Bedeutung aller Dharma–Belehrungen, wenden sie in unserem Leben an und öffnen uns nach und nach dem wirklichen und tiefen Verständnis, das Weisheit ist.

Glossar der tibetischen Ausdrücke

Die tibetischen Ausdrücke in diesem Glossar folgen vorwiegend der gebräuchlichen Phonetik, die von den Forschern und Linguisten der Tibetan and Himalayan Library www.thlib.org aufgestellt wurde. Die Wylie–Transkription erfolgt ohne diakritische Zeichen.

Die Übersetzungen folgen Lama Jigme Rinpoches Erläuterungen in diesem Buch. Einige Ausdrücke können in einem anderen Kontext eine davon verschiedene Bedeutung haben.

Bardo	*bar do*	Zwischenzustand
Daktu dzinpa	*bdag tu 'dzin pa*	Ich–Anhaftung
Dam ngak	*gdams ngag*	Mündliche Übertragung
Damtsik	*dam tshig*	*Samaya*, gute Verbindung
Denpa	*bden pa*	Wahrheit

Depa	*dad pa*	Vertrauen
Dre	*'bras*	Frucht, Resultat
Drenpa	*dran pa*	Achtsamkeit
Dzogrim	*rdzogs rim*	Vollendungsphase
Gendun	*dge 'dun*	Sangha, Gemeinschaft der Praktizierenden
Gom	*sgom*	Meditieren, sich gewöhnen an
Gyu	*rgyu*	Ursache
Gyurwa	*bsgyur ba*	Verändern
Jinlap	*sbyin rlabs*	Segen
Lama	*bla ma*	Lehrer
Lame neljor	*bla ma'i rnal 'byor*	Guru Yoga
Le	*las*	Handlung, Karma
Lojong	*blo sbyong*	Geistestraining
Lung	*lung*	Rituelles Lesen
Marigpa	*ma rig pa*	Unwissenheit
Men ngak	*man ngag*	Ausdruck persönlicher Verwirklichung
Mögü	*mos gus*	Vertrauen und Hingabe
Nepa	*nges pa*	Gewissheit
Nyönmong	*nyon mongs*	Leidbringende Emotion
Rigpa	*rig pa*	Klares Bewusstsein
Sam	*bsam*	Reflektieren, kontemplieren
sangye	*sangs rgyas*	Buddha
Semchen	*sems can*	Fühlendes Wesen
Sheshin	*shes bzhin*	Achtsames Gewahrsein
Sönam	*bsod nams*	Verdienst

Tö	*thos*	Zuhören
Tri	*khrid*	Unterweisung/ Erklärung der Praxis
Tsok	*tshogs*	Darbringen eines Festmahls
Wang	*dbang*	Ermächtigung, Einweihung
Yeshe	*ye shes*	Weisheit
Yidam	*yid dam*	Yidam, Meditationsgottheit
Shine	*shi gnas*	Geistige Ruhe

Druck:
CPI, Firmin Didot
Au Mesnil–sur–l'Estrée

Ausgabennummer: 0012
Hinterlegung von Pflichtexemplaren: August 2013
Drucknummer: 119499
Printed in France